AF340844

CATÉCHISME

DU

CODE NAPOLÉON

OUVRAGE DESTINÉ,

Par la forme nette, claire et saisissante
utile dans l'enseignement des principes de la religion,

à vulgariser la connaissance

DES LOIS FRANÇAISES.

Par J.-B.-C. PICOT,

Docteur en Droit, Avocat à la Cour Impériale de Paris.

PRIX : 1 FRANC.

PARIS

À LA GRANDE LIBRAIRE NAPOLÉONIENNE

EUGÈNE PICK, ÉDITEUR,

Rue du Pont-de-Lodi, 5.

1861

CATÉCHISME

DU

CODE NAPOLÉON.

Paris. — Imprimé par E. Thunot et C, rue Racine, 26.

CATÉCHISME

DU

CODE NAPOLÉON

OUVRAGE DESTINÉ,

**Par la forme nette, claire et saisissante
usitée dans l'enseignement des principes de la religion,**

à vulgariser la connaissance

DES LOIS FRANÇAISES.

Par J.-B.-C. PICOT,

Docteur en droit,
Avocat à la Cour impériale de Paris.

———o·)§(o·———

PARIS

A LA GRANDE LIBRAIRE NAPOLÉONIENNE

EUGÈNE PICK, ÉDITEUR,

Rue du Pont-de-Lodi, 5.

1861

PRÉFACE.

—

« Personne n'est censé ignorer la loi. » Cette maxime est d'une haute importance, car elle constitue la base de l'ordre social.

Fortement pénétré de cette grande vérité, j'ai publié, en 1852, mon *Manuel pratique du Code Napoléon*, dans le but de vulgariser les principes de nos lois : cet ouvrage comble une lacune si vivement comprise, que partout il a été accueilli avec une faveur particulière, et que maintenant il se trouve déjà répandu, en France et en Algérie, à plus de 200,000 exemplaires.

Un succès aussi extraordinaire, qui manifeste à à quel point les Français brûlent du juste désir de vivre plus pleinement, plus intellectuellement de la vie civile, m'a inspiré la pensée d'exposer les principes du Code Napoléon sous la forme de Catéchisme.

Cette forme, que le clergé conserve avec une raison profonde dans l'enseignement des principes religieux, est bien propre à mettre les principes qui régissent la société civile à la portée de toutes les intelligences, et à les graver nettement et fortement dans l'esprit du lecteur.

En exposant, dans ce Catéchisme, les diverses matières du droit civil, j'ai fidèlement observé l'ordre du Code Napoléon dans la division des livres, des titres et des sections. Le lecteur, initié par cet ouvrage aux principes de nos lois, pourra ainsi facilement entendre la parole grave du législateur et en comprendre le sens quelquefois abstrait.

Je serais bien heureux si ce Catéchisme inspirait la pensée d'introduire l'usage de quelques enseignements de nos lois dans les colléges et dans les écoles normales, chose qui me semble très-désirable! Je serais bien heureux surtout si cet ouvrage élémentaire devenait, pour les frères des écoles, pour les instituteurs et les institutrices, un moyen d'imprimer à l'éducation de la jeunesse une direction vraiment utile dans toutes les professions et dans toutes les phases de l'existence, et d'élever leurs fonctions à une espèce de sacerdoce, en leur donnant la facilité de répandre dans les tendres intelligences des adultes les semences précieuses de la vie civile, qui, en s'alliant, à l'aide des mêmes formes, aux semences divines de la vie religieuse, produiraient pour la société de bons fruits; si, enfin, il contribuait à faire aimer et respecter d'une manière plus ferme et plus constante : Dieu, la patrie et la famille!

CATÉCHISME

DU

CODE NAPOLÉON.

PRÉLIMINAIRES.

Qu'entend-on par catéchisme?

On entend par catéchisme un ouvrage exposant, par demandes et par réponses, les éléments d'une science.

Quelles sont les choses que tout homme doit nécessairement connaître?

Les choses que tout homme doit nécessairement connaître sont les lois de Dieu, qui concernent sa vie religieuse, et les lois de la patrie, qui concernent sa vie civile.

Qu'entend-on par lois?

On entend par lois des règles générales de conduite, tracées par une autorité à laquelle on est tenu d'obéir.

Les lois françaises contiennent-elles des dispositions contraires aux lois de Dieu?

Non, les lois françaises ne contiennent aucune disposition contraire aux lois de Dieu. En effet, les grands principes de la religion chrétienne qui a purifié et élevé l'humanité, ont pénétré très-profondément dans les mœurs de la nation française dont ils constituent l'essence et la vie. Les lois françaises, expression véritable des mœurs, sont, par suite, la conséquence des lois religieuses qui se trouvent ainsi sanctionnées par la société civile.

Qu'entend-on par sanction?

On entend par sanction une disposition prononçant une peine contre celui qui viole la loi, ou une récompense en faveur de celui qui l'observe.

Qu'est-ce que le droit?

Le droit est l'ensemble des règles générales appelées lois. Le mot droit est employé aussi pour désigner tantôt une loi spéciale, et tantôt une faculté qui appartient à une personne et qui est reconnue et garantie par l'Etat.

Quels sont les préceptes généraux du droit?

Les préceptes généraux du droit sont : 1° vivre honnêtement; 2° ne nuire à personne; 3° attribuer à chacun ce qui lui appartient.

Comment appelle-t-on les divers recueils des lois françaises?

On appelle les divers recueils des lois françaises des Codes.

Quel est le Code principal?

Le Code principal est le Code Napoléon.

Qu'est-ce que le Code Napoléon?

Le Code Napoléon est un recueil de lois civiles divisé en trois livres, dont le premier traite des personnes et des rapports de famille; le second, des choses, de la propriété et de ses démembrements; le troisième, des diverses manières d'acquérir la propriété.

Pourquoi donne-t-on au recueil du droit civil le nom de Code Napoléon?

On donne au recueil du droit civil le nom de Code

Napoléon par reconnaissance publique pour Napoléon Ier, qui a présidé à la rédaction de ce recueil et dont le grand génie, aussi brillant dans la paix que dans la guerre, a résolu les plus graves questions du droit civil, consacré les conquêtes utiles de la révolution et uni sans secousse le présent au passé.

LIVRE PREMIER.

DES PERSONNES.

—

TITRE Ier. — DE LA JOUISSANCE ET DE LA PRIVATION DES DROITS CIVILS.

Qu'entend-on par personne?

On entend par personne l'individu considéré au point de vue de son état civil.

Tout Français est-il une personne?

Oui, tout Français est une personne, parce que tout Français jouit des droits civils.

Que signifient ces mots : « Tout Français jouit des droits civils? »

Les mots : « Tout Français jouit des droits civils, » signifient que tous les Français, même les plus petits enfants, ont dans la société civile, de même que dans la société religieuse, des droits égaux ; que les biens, le corps et l'honneur de chacun d'eux sont pareillement placés sous la protection de la loi punissant quiconque porte à un autre une injuste atteinte.

Les droits civils dont l'enfant a la jouissance sont-ils exercés par lui-même?

Non ; les droits civils de l'enfant sont, à cause de l'inexpérience de son âge, exercés par une personne chargée par la loi de le protéger et de veiller à ses intérêts : cette personne est le père, la mère ou le tuteur.

Comment s'acquiert la qualité de Français?

La qualité de Français s'acquiert ordinairement par la naissance. Ainsi, tout enfant né d'un père français est Français.

La qualité de Français ne peut-elle pas s'acquérir postérieurement à la naissance?

Oui, la qualité de Français peut s'acquérir postérieurement à la naissance. Ainsi, l'enfant né d'un père qui a perdu la qualité de Français peut toujours, à partir de sa majorité, devenir Français; l'enfant né en France de parents étrangers peut aussi devenir Français dans l'année qui suit sa majorité, et même après l'année s'il sert ou a servi dans l'armée française, ou s'il a satisfait à la loi du recrutement. Quant aux autres étrangers, ils ne peuvent devenir Français qu'après avoir habité en France pendant dix ans.

La femme étrangère qui épouse un Français a-t-elle besoin de dix ans d'habitation en France pour devenir Française?

Non, la femme étrangère qui épouse un Français devient Française à l'instant même de la célébration du mariage : la raison exige, en effet, que la femme placée sous la puissance maritale n'ait pas une patrie autre que celle de son mari et de ses enfants.

Comment se perd la qualité de Français?

La qualité de Français se perd : 1° si le Français quitte sa patrie sans esprit de retour; 2° s'il accepte en pays étranger du service militaire ou des fonctions publiques, sans l'autorisation du gouvernement français. La femme cesse aussi d'être Française dès qu'elle épouse un étranger.

Existe-t-il des condamnations qui font perdre au coupable la qualité de Français, c'est-à-dire qui produisent la mort civile?

Avant 1854, la mort civile frappait celui qui était condamné à mort, aux travaux forcés à perpétuité ou à la déportation; mais, depuis cette époque, la mort civile est abolie.

N'y a-t-il pas des condamnations qui privent le coupable de l'exercice de ses droits civils?

Oui. Celui qui est condamné à un emprisonnement excédant cinq ans, est privé de l'exercice de ses droits civils pendant la durée de sa peine ; ses biens sont administrés par un tuteur.

TITRE II. — DES ACTES DE L'ÉTAT CIVIL.

Qu'entend-on par actes de l'état civil?

On entend par actes de l'état civil des écrits authentiques qui constatent les principaux faits relatifs à l'état des personnes. Ces faits sont les naissances, les mariages et les décès. On comprend aussi dans les actes de l'état civil, comme se rattachant aux naissances, les reconnaissances d'enfants naturels, les légitimations et les adoptions.

Par qui sont rédigés les actes de l'état civil?

Les actes de l'état civil sont rédigés par le maire, officier de l'état civil, sur des registres appelés *registres de l'état civil.*

Quelles conditions sont requises pour que le maire procède à la rédaction d'un acte de l'état civil?

Pour que le maire procède à la rédaction d'un acte de l'état civil, il faut qu'une personne ayant qualité se présente devant lui, accompagnée de témoins, et lui déclare la naissance, le mariage ou le décès. L'acte, qui est rédigé de suite sur un registre tenu double, est, après lecture faite, signé par le déclarant, par les témoins et par le maire.

Qui peut servir de témoin dans un acte de l'état civil?

Tout individu, parent ou non parent du déclarant, français ou étranger, peut servir de témoin dans un acte de l'état civil, pourvu qu'il soit du sexe masculin et âgé de plus de vingt et un ans.

Chacun peut-il obtenir l'extrait de l'acte de naissance, de mariage ou de décès d'une personne quelconque?

Oui; chacun peut, moyennant le payement d'une faible somme, obtenir des extraits; car les registres de l'état civil sont destinés à la publicité.

L'extrait d'un acte de l'état civil jouit-il d'une grande présomption de vérité?

Oui, l'extrait d'un acte de l'état civil jouit d'une grande présomption de vérité; c'est un acte authentique, et, comme tel, il est réputé vrai jusqu'à inscription de faux; mais pour être produit dans un autre arrondissement, il faut que la signature du maire qui a délivré l'extrait soit légalisée par le président du tribunal civil.

I. NAISSANCE. — *Par qui la naissance de l'enfant doit-elle être déclarée?*

La naissance de l'enfant, vivant ou mort, doit être déclarée par le père lui-même, ou, à défaut, par une personne ayant assisté à l'accouchement. Le déclarant fait connaître au maire les père et mère légitimes ou la mère naturelle, le sexe de l'enfant et les prénoms qui lui sont donnés.

Dans quel délai doit être faite la déclaration de naissance?

La déclaration de naissance doit être faite, sous peine d'amende et même d'emprisonnement, dans les trois jours de la naissance de l'enfant.

Que doit faire celui qui trouve un enfant nouveau-né?

Celui qui trouve un enfant nouveau-né doit le remettre au maire, ainsi que les vêtements et autres effets trouvés avec lui, et déclarer les circonstances du temps et du lieu où il l'a trouvé.

II. MARIAGE. — *Le mariage n'est-il pas précédé de publications ?*

Oui ; le mariage est précédé de publications faites deux dimanches de suite à la mairie du domicile des deux futurs époux et des personnes sous la puissance desquelles ils se trouvent ; un extrait de ces publications est affiché à la porte de chaque mairie.

Peut-on procéder à la célébration du mariage dès que la seconde publication est faite ?

Non ; il n'est pas permis de procéder à la célébration du mariage avant le troisième jour qui suit la seconde publication.

Pendant quel délai les publications de mariage sont-elles valables ?

Les publications de mariage sont valables pendant l'année qui suit le troisième jour de la seconde publication ; après l'expiration de ce délai, elles sont nulles.

Pourquoi, depuis l'année 1850, mentionne-t-on dans l'acte de célébration du mariage le régime que les époux ont adopté relativement à leurs biens ?

On mentionne dans l'acte de célébration du mariage le régime des époux, pour donner à quiconque veut contracter avec des personnes mariées, le moyen de connaître leur capacité de s'obliger et les garanties que chacune d'elles peut offrir de l'exécution de ses engagements.

III. DÉCÈS. — *L'acte de décès fait-il connaître le genre de mort ?*

Non, l'acte de décès ne fait pas connaître le genre

de mort, à moins qu'il ne s'agisse de la mort glorieuse d'un militaire tué sur le champ de bataille.

Quel délai doit s'écouler entre le décès d'une personne et son inhumation?

Il doit s'écouler entre le décès d'une personne et son inhumation, au moins vingt-quatre heures. Ce délai est prescrit pour prévenir le danger des inhumations précipitées. Avant l'inhumation, le décès doit d'ailleurs être régulièrement constaté.

Que doit faire celui qui trouve un homme mort?

Celui qui trouve un homme mort doit en avertir l'autorité du lieu ; mais, s'il s'agit d'un pendu, il doit d'abord lui porter secours et couper la corde.

S'il existe un soupçon de mort violente causée par un crime, n'y a-t-il pas une formalité à remplir avant l'inhumation?

Oui, avant l'inhumation d'une personne à l'égard de laquelle il y a soupçon de mort violente, il faut qu'un officier de police, assisté d'un docteur en médecine, dresse un procès-verbal de l'état du cadavre et des circonstances relatives au genre de mort.

Le maire peut-il réparer de lui-même les erreurs qui existent dans les actes de l'état civil?

Non, le maire n'a pas le droit de réparer les erreurs qui existent dans les actes de l'état civil. Pour que la rectification de l'erreur puisse avoir lieu, il faut qu'elle soit ordonnée, sur la demande des parties intéressées, par le tribunal de première instance.

TITRE III. — DU DOMICILE.

Où se trouve le domicile d'une personne?

Le domicile d'une personne est au lieu où elle a son principal établissement.

Le domicile diffère-t-il de la résidence?

Oui, le domicile est le siége juridique des affaires, tandis que la résidence consiste simplement dans le fait de l'habitation d'une personne dans un lieu quelconque.

Est-il utile de connaître le domicile d'une personne?

Oui, il est souvent utile de connaître le domicile d'une personne. En effet, c'est devant le tribunal de son domicile que cette personne doit être poursuivie pour l'exécution de ses engagements ; c'est dans la commune de son domicile que doivent être faites les publications de son mariage ; c'est à son domicile que s'ouvre sa succession, et c'est devant le tribunal de ce domicile que sont portées les actions concernant le partage des biens qu'il a laissés.

Peut-on changer de domicile?

Oui, l'on peut changer de domicile. Celui qui fixe ailleurs son principal établissement, change par là de domicile.

La personne qui s'oblige peut-elle convenir qu'elle exécutera son engagement dans un lieu autre que celui de son domicile?

Oui, la personne qui s'oblige peut convenir qu'elle exécutera son engagement dans un lieu autre que celui de son domicile. Une pareille convention, appelée *élection de domicile*, donne au créancier le droit de poursuivre le débiteur, à son gré, devant le tribunal du domicile réel, ou devant le tribunal du domicile élu.

Celui qui se trouve sous l'autorité d'une personne, n'a-t-il pas son domicile chez cette personne?

Oui, celui qui se trouve sous l'autorité d'une personne a son domicile chez cette personne. Ainsi, le domicile de l'enfant est chez son père; celui du mineur, chez son tuteur; celui de la femme mariée, chez son mari; et celui du domestique, chez son maître.

TITRE IV. — DES ABSENTS.

Qu'est-ce qu'on entend par le mot absent ?

On entend par le mot absent, employé dans le sens de la loi, l'individu qui a disparu de son domicile et dont on n'a point de nouvelles.

Par qui sont administrés les biens de l'absent?

Les biens de l'absent sont administrés, pendant les cinq premières années, par une personne choisie par le tribunal; après ce délai, le tribunal envoie en possession des biens de l'absent ses plus proches parents.

TITRE V. — DU MARIAGE.

Qu'est-ce que le mariage?

Le mariage a été ainsi défini par M. Portalis, l'un des rédacteurs du Code Napoléon : « C'est la société indissoluble de l'homme et de la femme, qui s'unissent pour perpétuer leur espèce, pour s'aider par des secours mutuels à porter le poids de la vie, et pour partager leur commune destinée. »

§ 1er. — Des conditions du mariage.

Quelles conditions sont nécessaires pour la validité du mariage?

Pour la validité du mariage, il faut : 1° que l'homme ait au moins dix-huit ans accomplis et la femme quinze ans accomplis; 2° que cet homme et cette femme consentent au mariage; 3° que les père et mère ou ascendants, ou, à leur défaut, le conseil de famille du mineur, consentent aussi au mariage.

La promesse faite par deux personnes de se marier ensemble, est-elle valable?

Non, la promesse d'épouser une personne est nulle, et cette nullité rend également nulle la convention portant que celui qui refusera de se marier, payera à l'autre une certaine somme.

Comment les père et mère donnent-ils leur consentement au mariage de leur enfant?

Les père et mère donnent leur consentement au mariage de leur enfant, soit en assistant à l'acte de célébration du mariage, soit en manifestant leur volonté par un acte notarié. Si le fils n'a pas vingt-cinq ans ou la fille vingt et un ans, il faut que l'acte notarié contienne le nom de l'autre futur époux.

Qu'arrive-t-il s'il y a dissentiment entre le père et la mère?

S'il y a dissentiment entre le père et la mère, la volonté du père l'emporte sur celle de la mère. De là, si c'est le père qui consent, le mariage peut se faire; mais le défaut de consentement de la mère doit être préalablement constaté par un acte notarié appelé *acte respectueux.*

Le mariage d'un enfant peut-il quelquefois avoir lieu contrairement à la volonté de ses père et mère?

Oui, le mariage d'un enfant peut quelquefois avoir lieu contrairement à la volonté de ses père et mère. En effet, le fils qui a plus de vingt-cinq ans, ou la fille qui a plus de vingt et un ans, peut se marier après avoir fait constater, par actes respectueux dressés par un notaire, le refus de ses père et mère de consentir à son mariage.

Celui qui est déjà marié peut-il se remarier?

Non, en se remariant avant la dissolution de son premier mariage, l'époux commettrait le crime de bigamie.

Peut-on épouser son ascendant, son descendant, son frère ou sa sœur?

Non, un mariage entre parents en ligne directe ou entre frère et sœur constituerait le crime d'inceste. Toutefois, le gouvernement peut autoriser le mariage entre beau-frère et belle-sœur.

Peut-on épouser son oncle, sa tante, son neveu, sa nièce, son petit-neveu, sa petite-nièce?

Non, le mariage est prohibé, dans la ligne collatérale, entre personnes dont l'une n'est qu'à un degré de l'auteur commun. Le gouvernement peut cependant autoriser ce mariage pour causes graves.

Les cousins peuvent-ils se marier ensemble?

Oui, le mariage entre un cousin et une cousine n'est pas défendu par la loi civile. Mais l'église catholique le défend, en accordant cependant assez facilement une dispense.

Le mariage déclaré nul pour cause de bigamie ou d'inceste produit-il des effets civils?

Non, le mariage nul ne produit point d'effet. Toutefois, si les époux ont été de bonne foi à l'époque où ils se sont unis, c'est-à-dire s'ils ont ignoré l'existence de l'empêchement à leur mariage, cette union, appelée *mariage putatif*, produit entre les époux et entre les père et mère et leurs enfants, les mêmes effets civils que si l'empêchement n'eût pas existé.

§ 2. — Des obligations résultant du mariage.

Quelles sont les obligations qui résultent du mariage?

Les obligations qui résultent du mariage sont:

1° Pour les père, mère et autres ascendants, de fournir des aliments à leurs enfants et descendants;

2° Pour les descendants, de fournir des aliments à leurs père, mère et autres ascendants ;

3° Pour chaque époux, de fournir des aliments à son beau-père et à sa belle-mère non remariée ;

4° Pour les beau-père et belle-mère, de fournir des aliments à leurs gendre et belle-fille.

Qu'entend-on par aliments ?

On entend par aliments la somme nécessaire à une personne pour sa nourriture, son vêtement et son logement.

Comment la somme due pour aliments est-elle déterminée ?

La somme due pour aliments est déterminée par le tribunal civil, qui prend en considération les besoins de celui qui réclame des aliments, ainsi que la fortune et les ressources de celui qui les doit.

N'est-on pas tenu de venir en aide à d'autres parents et même aux non-parents qui sont dans le besoin ?

Oui, la nature, la morale et la religion nous imposent le devoir de secourir nos semblables dans la mesure de nos facultés ; mais le législateur n'élève pas ce devoir au rang d'obligation civile.

§ 3. — Des droits et des devoirs respectifs des époux.

Quels sont les droits et les devoirs que le mariage fait naître entre époux ?

Par le fait du mariage, chaque époux doit à son conjoint fidélité, secours et assistance.

Quel est le chef de l'union conjugale ?

La loi civile, qui est d'ailleurs conforme à la nature et à la religion, établit le mari comme chef de l'union conjugale et de la famille.

La puissance du mari sur sa femme ressemble-t-elle à celle d'un maître absolu?

Non; la puissance du mari sur sa femme n'est pas celle d'un maître; elle a le caractère d'une affectueuse protection. Mais la femme doit respect et obéissance à son mari.

Par qui les biens de la femme mariée sont-ils administrés?

Les biens de la femme mariée sont administrés par le mari. Les époux peuvent cependant valablement convenir, par contrat de mariage, que la femme en conservera l'administration.

Les époux peuvent-ils convenir que la femme aura le droit de disposer de ses biens, d'hypothéquer ses immeubles et de faire le commerce?

Non; la convention portant que la femme pourra librement aliéner ses immeubles, les hypothéquer et faire le commerce, serait contraire à l'ordre public et frappée de nullité. Pour tous les actes dépassant les limites de la libre administration, la femme a toujours besoin de l'autorisation spéciale de son mari.

La femme mariée a-t-elle besoin d'autorisation pour faire son testament?

Non, la femme mariée n'a pas besoin d'autorisation pour faire son testament, parce que cet acte ne produit d'effet qu'au décès et par conséquent lors de la dissolution du mariage.

Le refus d'autorisation du mari met-il la femme dans l'impossibilité absolue de faire un acte qui lui serait avantageux?

Non; en cas de refus du mari, la femme peut recourir à l'autorisation du tribunal civil.

L'acte par lequel la femme dépasse la limite de ses pouvoirs a-t-il quelque valeur?

Oui ; celui qui a contracté avec la femme mariée ne peut point se soustraire à son engagement. Mais la femme, le mari et leurs héritiers peuvent faire prononcer par le tribunal civil la nullité du contrat.

§ 4. — De la dissolution du mariage.

Comment se dissout le mariage ?

Le mariage ne se dissout que d'une manière, qui est la mort de l'un des époux.

L'époux survivant peut-il contracter aussitôt un second mariage ?

Le mari survivant peut, après l'accomplissement des formalités nécessaires, contracter aussitôt un second mariage ; mais la veuve ne peut se remarier qu'après les dix mois qui suivent la dissolution de son mariage.

TITRE VI. — DE LA SÉPARATION DE CORPS.

Qu'est-ce que la séparation de corps ?

La séparation de corps est un moyen que la loi accorde à l'époux dont l'honneur ou l'existence sont gravement compromis par le fait de son conjoint, de se soustraire à la cohabitation conjugale.

Quelles sont les principales causes de séparation de corps ?

Les principales causes de séparation de corps sont l'adultère de la femme, l'adultère du mari qui entretient une concubine dans la maison conjugale, les coups et les injures graves.

Où est portée la demande en séparation de corps ?

La demande en séparation de corps est portée devant le tribunal civil, après que le président a vainement essayé de réconcilier les époux. Pendant l'instance, des mesures provisoires sont prises à l'égard de la femme et des enfants.

Quand le tribunal prononce la séparation de corps, le mariage se trouve-t-il par là brisé?

Non, le mariage n'est pas brisé par la séparation de corps : les époux se doivent toujours fidélité, secours et assistance; et la femme ne peut faire, sans l'autorisation de son mari, les actes dépassant les limites de l'administration. Toutefois le lien conjugal se trouve relâché : la séparation de corps produit la séparation de domiciles et la séparation de biens; elle a aussi pour effet d'affaiblir la présomption de paternité à l'égard des enfants qui sont postérieurement conçus.

La séparation de corps peut-elle cesser?

Oui, la séparation de corps cesse quand les époux manifestent leur intention de vouloir encore habiter ensemble et font rédiger à cet effet un acte notarié qu'ils rendent public. La loi voit toujours avec la plus grande faveur le repentir du coupable, le pardon de l'injure et le rétablissement de la concorde entre les époux.

TITRE VII. — DE LA PATERNITÉ ET DE LA FILIATION.

Quel est le sens des mots paternité et filiation?

Les mots paternité et filiation, qui expriment les deux termes opposés du même rapport de famille, désignent le lien qui unit l'enfant à ses père et mère.

Combien y a-t-il d'espèces de filiation et, par suite, de paternité?

Il y a deux espèces de filiation : la filiation légitime, qui dérive du mariage, et la filiation naturelle, qui dérive de relations illicites entre un homme et une femme.

§ 1ᵉʳ. — De la filiation légitime.

Quand un enfant est-il légitime?

Un enfant est légitime quand il a été conçu pendant le mariage de ses père et mère.

Quelle est la durée de la grossesse d'une femme?

La durée de la grossesse peut varier de cent quatre-vingts jours à trois cents jours.

Si l'enfant naît le cent quatre-vingtième jour du mariage, ou le trois-centième jour de la mort du mari, est-il légitime?

Oui, l'enfant qui naît le cent quatre-vingtième jour de mariage, ou le trois-centième jour de la mort du mari, est légitime, car on prend toujours celui des deux termes qui est le plus favorable à la légitimité de l'enfant.

La présomption légale que « l'enfant conçu pendant le mariage a pour père le mari de la mère, » peut-elle être attaquée?

La présomption légale de paternité ne peut être attaquée que dans quelques cas très-rares, et seulement dans un court délai, qui est ordinairement d'un mois depuis la naissance de l'enfant. Ainsi le mari de la mère peut désavouer l'enfant qui a été conçu pendant la séparation de corps.

L'enfant qui naît avant le cent quatre-vingtième jour qui suit le mariage, peut-il être désavoué par le mari de la mère?

Comme l'enfant qui naît avant le cent quatre-vingtième jour depuis la célébration de l'union conjugale, n'a pas été conçu pendant le mariage, la règle générale est qu'il peut être désavoué dans le mois qui suit sa naissance. Toutefois, le mari serait déclaré non recevable dans son action en désaveu s'il avait connu la grossesse de son épouse avant le mariage, s'il avait fait inscrire l'enfant sous son nom dans les actes de l'état civil, ou si cet enfant n'était pas né viable.

Quels sont les moyens de prouver qu'on est fils légitime?

Les moyens de prouver qu'on est fils légitime d'une personne sont : 1° l'acte de naissance inscrit sur le registre de l'état civil; 2° la possession de l'état d'enfant légitime; 3° enfin, le commencement de preuve par écrits émanés des père et mère.

§ 2. — De la filiation naturelle.

Combien y a-t-il de sortes d'enfants naturels?

Il y a trois sortes d'enfants naturels : les enfants naturels simples, les enfants naturels adultérins et les enfants naturels incestueux. L'enfant est *naturel simple* quand, lors de la conception, ses père et mère pouvaient se marier ensemble; il est *adultérin*, si l'un des père et mère était marié ; il est *incestueux* si les liens de la parenté ou de l'alliance mettaient empêchement au mariage des père et mère. Les enfants nés de l'adultère et de l'inceste sont heureusement très-rares.

Comment les père et mère reconnaissent-ils leur enfant naturel simple?

Les père et mère reconnaissent leur enfant naturel simple dans son acte de naissance ou dans un acte authentique fait postérieurement par le maire ou par un notaire.

Si le comparant déclare dans l'acte de naissance d'un enfant naturel le nom de la mère, cette déclaration constitue-t-elle une reconnaissance de l'enfant par sa mère?

Non, lorsque le comparant déclare le nom de la mère dans l'acte de naissance de l'enfant naturel,

cette déclaration ne constitue pas une reconnaissance de la part de la mère, si celle-ci n'a pas donné
un pouvoir notarié pour faire une pareille reconnaissance.

*Comment la mère reconnaît-elle ordinairement
son enfant naturel?*

La mère reconnaît ordinairement son enfant naturel en déclarant personnellement, à la mairie,
qu'elle est la mère de l'enfant dont la naissance a
été antérieurement inscrite sur les registres de
l'état civil.

*L'acte de reconnaissance par la mère de son enfant
naturel est-il inscrit sur les registres de l'état civil?*

Oui, l'acte de reconnaissance, par la mère, de son
enfant naturel est inscrit sur les registres de l'état
civil, et mention de cette reconnaissance est faite
en marge de l'acte de naissance de l'enfant.

*L'enfant naturel simple est-il admis à rechercher
judiciairement quels sont ses père et mère?*

L'enfant naturel n'est généralement pas admis à
la recherche de la paternité; mais il peut rechercher la maternité quand il jouit de la possession
d'état d'enfant naturel simple, ou quand il a un
commencement de preuve par écrit émané de sa
mère.

§ 5. — De la légitimation.

Quels enfants peuvent être légitimés?

Les enfants qui peuvent être légitimés sont les
enfants naturels simples.

Comment l'enfant naturel simple est-il légitimé?

L'enfant naturel est légitimé par le mariage de ses
père et mère qui l'ont reconnu avant leur mariage
ou dans l'acte même de célébration de leur mariage.

Quels effets produit la légitimation?

La légitimation donne à l'enfant naturel les mêmes droits à la succession de ses père et mère que s'il était né de leur mariage.

TITRE VIII. — De l'adoption et de la tutelle officieuse.

I. Adoption. — *Qu'est-ce que l'adoption?*

L'adoption est un acte qui établit entre l'adoptant et l'adopté des rapports civils de paternité et de filiation.

Y a-t-il plusieurs sortes d'adoption?

Oui, il y a l'adoption ordinaire, et l'adoption appelée *rémunératoire*, parce qu'elle tend à récompenser l'adopté qui a sauvé la vie de l'adoptant dans un combat, ou en le retirant de l'incendie ou des flots.

Quelles sont les conditions requises pour l'adoption ordinaire?

Pour l'adoption ordinaire, il faut : 1° que l'adoptant ait cinquante ans au moins; 2° qu'il n'ait pas d'enfants légitimes; 3° qu'il ait fourni à l'adopté des soins non interrompus pendant six ans de la minorité de celui-ci; 4° que l'adopté ait au moins vingt et un ans.

Toutes les conditions requises pour l'adoption ordinaire sont-elles nécessaires pour l'adoption rémunératoire?

Non, pour l'adoption rémunératoire il suffit que l'adoptant n'ait pas d'enfants légitimes, qu'il soit plus âgé que l'adopté et que les deux parties soient majeures.

Comment se fait l'adoption?

L'adoption se fait de la manière suivante :

L'adoptant et l'adopté font dresser par le juge de paix l'acte constatant leur intention; ils s'adressent ensuite au tribunal de première instance, puis à la cour impériale, qui admet ou rejette l'adoption.

L'arrêt de la cour qui admet l'adoption est rendu public; il est transcrit, dans les trois mois, sur les registres de l'état civil du domicile de l'adoptant.

Quels sont les effets de l'adoption?

L'adoption donne à l'adopté, ainsi qu'à ses enfants, les mêmes droits à la succession de l'adoptant que s'il était son fils légitime; mais elle ne lui donne aucun droit à la succession des membres de la famille de l'adoptant. Celui-ci n'acquiert pas le droit de succéder à l'adopté ni à ses enfants.

II. TUTELLE OFFICIEUSE. — *Qu'est-ce que la tutelle officieuse?*

La tutelle officieuse est une tutelle qui sert de préparation à l'adoption. Elle est appelée officieuse, parce que le tuteur s'engage à fournir gratuitement au mineur la nourriture et l'éducation.

Quelles sont les conditions nécessaires à l'existence de la tutelle officieuse?

Pour l'existence de la tutelle officieuse, il faut que le tuteur ait au moins cinquante ans, qu'il n'ait pas d'enfants légitimes, et que le mineur ait moins de quinze ans.

Comment se forme la tutelle officieuse?

La tutelle officieuse se forme par un procès-verbal du juge de paix exprimant la volonté du tuteur officieux et de la personne qui a autorité sur le mineur.

Quand l'adoption du pupille peut-elle avoir lieu?

L'adoption peut avoir lieu quand le pupille est devenu majeur. Toutefois, le tuteur officieux qui a déjà exercé la tutelle pendant cinq ans et qui prévoit son décès prochain, a le droit d'adopter son pupille par acte testamentaire.

TITRE IX. — DE LA PUISSANCE PATERNELLE.

Qu'est-ce que la puissance paternelle?

La puissance paternelle est l'autorité que la loi donne au père et à la mère sur la personne et sur les biens de leurs enfants.

La puissance paternelle est-elle perpétuelle?

Non, la puissance paternelle dure seulement jusqu'à l'émancipation ou jusqu'à la majorité de l'enfant. Mais l'honneur et le respect sont toujours dus par l'enfant à ses père et mère.

L'autorité de la mère sur les enfants est-elle égale à celle du père?

Oui, l'autorité de la mère sur les enfants est égale à celle du père; mais, tant que dure le mariage, c'est le père seul qui exerce cette autorité.

Quels pouvoirs a, sur la personne de ses enfants, celui des père et mère qui exerce la puissance paternelle?

Celui des père et mère qui exerce la puissance paternelle a un pouvoir presque absolu en ce qui concerne l'éducation religieuse, civile et professionnelle de ses enfants. Il a aussi le pouvoir de les corriger et même de les faire emprisonner pendant un certain délai. On a pensé avec raison que les père et mère chercheraient généralement en tout le véritable bonheur de leurs enfants, qui sont leurs plus chers trésors.

En quoi consiste la puissance paternelle sur les biens des enfants?

La puissance paternelle sur les biens des enfants consiste dans la jouissance ou usufruit des biens appartenant aux enfants qui n'ont pas encore l'âge de dix-huit ans. Cette jouissance est une faible compensation des soins et des dépenses de l'éducation.

Toutefois, les biens que l'enfant a gagnés par lui-même et ceux qui lui ont été donnés ou légués sous la condition qu'il en garderait le revenu, sont affranchis de la jouissance légale des père et mère.

TITRE X. — DE LA MINORITÉ, DE LA TUTELLE ET DE L'ÉMANCIPATION.

§ 1er. — De la minorité.

Qu'est-ce qu'un mineur?

Un mineur est celui qui n'a pas encore l'âge de vingt et un ans. Celui qui a plus que cet âge est majeur.

Le mineur et le majeur ont-ils la même capacité?

Non, le mineur et le majeur n'ont pas la même capacité : quoiqu'ils aient tous deux la jouissance des droits civils, le majeur seul en a l'exercice.

§ 2. — De la tutelle.

Par qui sont exercés les droits civils du mineur?

Si le mineur a son père et sa mère, ses droits civils sont exercés par son père; s'il a perdu ses père et mère ou l'un d'eux, ses droits sont exercés par un tuteur qui le représente.

Qu'est-ce que la tutelle?

La tutelle est une charge que la loi impose à une personne pour protéger un incapable et administrer ses biens. Celui qui exerce la tutelle s'appelle tuteur, et le mineur en tutelle est appelé pupille.

Combien y a-t-il de sortes de tutelle?

Il y a quatre sortes de tutelle : 1° la tutelle du survivant des père et mère, qui exerce en même temps la puissance paternelle; 2° la tutelle déférée par le survivant des père et mère; 3° la tutelle des ascendants; 4° enfin, la tutelle déférée par le conseil de famille.

La tutelle des enfants appartient-elle de plein droit au survivant des père et mère?

Oui, la tutelle des enfants appartient de plein droit au survivant des père et mère. La raison demande que celui qui exerce la puissance paternelle exerce aussi la tutelle. Toutefois, si la mère tutrice craint que son administration ne compromette les intérêts de ses enfants, elle a le droit de se démettre de la tutelle et de faire nommer un autre tuteur à sa place.

Que doit faire la mère tutrice qui se remarie?

La mère tutrice qui se remarie doit, sous peine d'être déchue de la tutelle, faire convoquer par le juge de paix le conseil de famille qui décide si elle restera tutrice. Quand elle conserve la tutelle, son mari devient cotuteur.

Que doit faire l'épouse survivante qui n'a pas d'enfant et qui se croit enceinte?

L'épouse survivante qui se croit enceinte doit faire convoquer par le juge de paix le conseil de famille, afin de nommer un curateur au ventre, dont la mission est d'administrer les biens de la succession du mari jusqu'à la naissance de l'enfant.

Comment le survivant des père et mère nomme-t-il un tuteur à ses enfants?

Le survivant des père et mère nomme un tuteur à ses enfants par testament ou bien par un acte passé devant le juge de paix ou devant un notaire.

Si le survivant des père et mère meurt sans avoir nommé de tuteur, à qui revient la tutelle?

Quand le survivant des père et mère n'a pas nommé de tuteur, la tutelle revient au plus proche ascendant; s'il existe dans les lignes paternelle et maternelle des ascendants du même degré, la tutelle appartient à l'ascendant paternel.

Lorsque le survivant des père et mère est mort sans avoir nommé de tuteur et qu'il n'y a pas d'ascendant, à qui est déférée la tutelle?

La tutelle, à défaut d'ascendant du mineur, est déférée à une personne choisie par le conseil de famille convoqué à cet effet par le juge de paix.

Y a-t-il un conseil de famille dans toute tutelle?

Oui, il y a un conseil de famille dans toute tutelle, alors même qu'il s'agit de la tutelle du survivant des père et mère.

Quelles sont les attributions du conseil de famille?

Les attributions du conseil de famille sont de délibérer sur les graves intérêts du mineur, et de prendre, à cet égard, les décisions qui devront être exécutées par le tuteur.

Comment est composé le conseil de famille?

Le conseil de famille est composé du juge de paix et de six parents ou alliés, dont trois sont pris dans la ligne paternelle du mineur et trois dans la ligne maternelle, suivant l'ordre de proximité dans chaque ligne; à égalité de degré, le parent est préféré à l'allié, le plus âgé au plus jeune.

Que fait-on si l'une des lignes ne renferme pas suffisamment de parents ou alliés domiciliés dans le rayon de deux myriamètres?

Quand, dans une ligne, il n'y a pas suffisamment de parents sur les lieux, le juge de paix appelle au conseil de famille soit des parents ou alliés domiciliés à plus de deux myriamètres, soit des personnes qui ont eu des relations habituelles d'amitié avec les parents du mineur.

Tout membre du conseil de famille est-il tenu de se rendre à la convocation faite par le juge de paix?

Oui, tout membre du conseil de famille est tenu, sous peine d'amende, de se rendre à la convocation du conseil de famille, ou de s'y faire représenter par un fondé de procuration.

Le tuteur n'a-t-il pas un surveillant spécial?

Oui; dans toute tutelle, le conseil de famille choisit dans la ligne opposée à celle du tuteur, un subrogé tuteur qui a pour mission de surveiller l'administration du tuteur, de veiller aux intérêts de toute nature du pupille, et de les défendre quand ils sont en opposition avec ceux du tuteur.

Qu'est-ce qu'une excuse de tutelle?

Une excuse de tutelle est une cause qui dispense une personne de la charge de la tutelle.

Quelles sont les causes d'excuse?

Les causes d'excuse sont: certaines fonctions publiques, l'état militaire, deux tutelles, cinq enfants légitimes, l'âge de soixante-cinq ans et les infirmités graves.

Dans quel délai et où le tuteur doit-il proposer ses excuses?

Le tuteur doit proposer ses excuses au conseil de famille, dès qu'il est nommé, s'il est présent; s'il n'est pas présent lors de sa nomination, il doit les proposer dans les trois jours qui suivent l'instant où il a connu sa nomination. Le conseil de famille prononce sur l'admissibilité des excuses, sauf recours au tribunal de première instance.

Quelles personnes sont incapables de gérer la tutelle?

Les personnes incapables de gérer la tutelle sont: 1° les femmes, excepté la mère et les ascendantes du mineur; 2° les mineurs, excepté le père ou la mère; 3° les interdits.

Quelles sont les personnes indignes de la tutelle?

Les personnes indignes de la tutelle sont celles qui ont été condamnées à des peines infamantes, et celles dont l'inconduite, l'incapacité ou l'infidélité sont généralement connues. Il y aurait danger à confier à de pareilles gens la direction du pupille et l'administration de ses biens.

En quoi consiste la mission du tuteur?

La mission du tuteur a un double objet : la personne et les biens du mineur. Le tuteur doit : 1° veiller à la santé, à l'honneur et à la bonne éducation de son pupille, et par conséquent l'initier dans l'exercice honnête et intelligent des droits civils ; 2° apporter à la gestion des biens de son pupille les soins d'un bon père de famille. La première de ces obligations, qui est la plus grave, est quelquefois trop négligée.

Le tuteur n'a-t-il pas des obligations à remplir avant son entrée en gestion des biens?

Oui ; le tuteur doit remplir, avant son entrée en gestion des biens, trois obligations. 1° Dans les dix jours de sa nomination, il doit requérir du juge de paix la levée des scellés, et faire aussitôt procéder, par un notaire, en présence du subrogé tuteur, à l'inventaire des biens mobiliers du mineur. 2° Dans le mois qui suit la confection de l'inventaire, il doit faire vendre, par un officier ministériel, aux enchères publiques et après affiches, les meubles du mineur ; toutefois, celui des père et mère qui a la jouissance légale des biens de son enfant, peut garder les meubles en les faisant estimer par un expert nommé par le subrogé tuteur. 3° Le tuteur, autre que le père ou la mère, doit faire fixer au plus tôt, par le conseil de famille, la somme qui sera employée annuellement aux dépenses du mineur.

Ne divise-t-on pas les actes de la tutelle en plusieurs classes?

Oui, on divise les actes de la tutelle en cinq classes qui se réfèrent à l'étendue des pouvoirs du tuteur.

Quels sont les actes de tutelle compris dans la première classe?

Les actes compris dans la première classe sont ceux de simple administration, que le tuteur peut faire seul. Tels sont : consentir des baux de neuf ans; percevoir les fruits et revenus; recevoir les capitaux et en donner quittance; intenter les actions mobilières et défendre à toute espèce d'actions.

Quels sont les actes de la seconde classe?

Les actes de la seconde classe sont ceux que le tuteur ne peut faire qu'avec l'autorisation du conseil de famille. Par exemple : accepter une donation, une succession, ou y renoncer; intenter une action immobilière; provoquer le partage d'une succession, et vendre des rentes dont le revenu annuel excède 50 fr.

Quels sont les actes de la troisième classe?

Les actes de la troisième classe sont ceux que le tuteur ne peut faire qu'après avoir obtenu l'autorisation du conseil de famille et l'homologation du tribunal. Ils sont au nombre de trois : emprunter des sommes, aliéner des immeubles et consentir des hypothèques.

Quels sont les actes de la quatrième classe?

La quatrième classe ne renferme qu'un seul acte : c'est la transaction, par laquelle les parties se font des concessions réciproques dans le but de prévenir ou de terminer un procès. Le tuteur ne peut transiger sur les droits de son pupille qu'après avoir obtenu l'autorisation du conseil de famille, l'homologation du tribunal et l'avis de trois jurisconsultes.

Quels sont les actes de la cinquième classe?

Les actes de la cinquième classe sont ceux qui sont absolument défendus. Or, il est défendu au tuteur : 1° de se rendre adjudicataire des biens de son pupille, à moins qu'il ne soit copropriétaire avec lui des biens mis aux enchères; 2° d'acheter des droits de créances contre son pupille; 3° enfin, de compromettre, c'est-à-dire de nommer un arbitre pour décider les contestations qui intéressent le pupille.

Le tuteur ne fait-il pas quelquefois seul des actes dépassant les limites de l'administration?

Oui, le tuteur fait quelquefois seul des actes dépassant les limites de l'administration. C'est ce qui arrive quand le père tuteur vend un immeuble de son fils en se portant fort, c'est-à-dire en promettant à l'acheteur que son fils ratifiera la vente quand il aura atteint sa majorité. Si le fils majeur ratifie, cette vente devient valable; s'il refuse sa ratification, la vente est nulle. Mais alors le père est tenu, en vertu de sa promesse, de payer des dommages-intérêts à l'acheteur.

Le tuteur n'est-il pas tenu, comme administrateur de la chose d'autrui, de rendre compte de sa gestion?

Oui, le tuteur est tenu de rendre compte de sa gestion lors de la cessation de ses fonctions.

A qui le compte de tutelle est-il rendu?

Le compte de tutelle est rendu au pupille arrivé à sa majorité. Si les fonctions du tuteur cessaient par la nomination d'un autre tuteur ou par l'émancipation du pupille, le compte de tutelle serait rendu au nouveau tuteur ou au mineur émancipé qui serait alors assisté d'un curateur.

Lorsque, d'après le compte de tutelle, le pupille est créancier de son tuteur, ou le tuteur créancier de son pupille, la somme due produit-elle des intérêts?

Si c'est le pupille qui reste créancier du tuteur, comme la loi ne veut pas le mettre dans la nécessité de se hâter de poursuivre celui qui a été le guide de son enfance, elle fait courir en sa faveur les intérêts de plein droit. Mais si c'est, au contraire, le tuteur qui reste créancier de son pupille, les intérêts de la somme due ne courent à son profit que du jour où il a fait au pupille une sommation par huissier de satisfaire au payement.

Le pupille n'a-t-il pas un droit de préférence pour obtenir le payement de ce qui lui est dû par son tuteur?

Oui, le pupille a, sur les immeubles de son tuteur, une hypothèque légale dispensée d'inscription et ayant rang du jour de l'ouverture de la tutelle. Mais ce rang serait perdu si, dans l'année qui suit la fin de al tutelle, l'hypothèque n'était pas révélée par une inscription prise au bureau des hypothèques.

§ 5. — De l'émancipation.

Qu'est-ce que l'émancipation?

L'émancipation est un acte qui fait cesser, à l'égard d'un mineur, la puissance paternelle ou la tutelle.

Comment se fait l'émancipation?

Le père ou la mère survivante émancipe son enfant en déclarant, à cet égard, sa volonté au juge de paix. S'il n'y a plus ni père ni mère, l'émancipation du pupille se fait par délibération du conseil de famille.

A quel âge le mineur peut-il être émancipé?

Si le mineur a quinze ans accomplis, il peut être émancipé par son père ou par sa mère survivante; quand il a perdu ses père et mère, il peut être émancipé à dix-huit ans accomplis par le conseil de famille.

L'émancipation n'a-t-elle pas lieu quelquefois de plein droit?

Oui, le mariage émancipe de plein droit le mineur. La loi veut qu'aucune attache de famille ne soit un obstacle à l'union complète des époux,

Le mineur émancipé a-t-il l'entier exercice de ses droits civils?

Non, le mineur émancipé est placé, en ce qui concerne l'administration de ses biens, dans une espèce de noviciat fort utile; ses pouvoirs ne sont pas assez étendus pour l'exposer à la perte de sa fortune,

Quels sont les pouvoirs de l'émancipé dans l'administration de ses biens?

L'émancipé peut, comme le tuteur, faire les actes de pure administration, passer des baux n'excédant pas neuf ans, percevoir les fruits et toucher les revenus de ses biens. Mais il a besoin d'être assisté d'un curateur, nommé par le conseil de famille, pour recevoir un capital mobilier et pour figurer dans une action immobilière. Pour faire les actes dépassant les limites de l'administration, il doit, de même, être assisté du curateur, et, en outre, remplir les formalités qui sont imposées au tuteur.

Les actes faits par un mineur non émancipé ou par un mineur émancipé agissant en dehors des limites de sa capacité, ont-ils de la valeur?

Oui, les actes faits par un mineur en dehors des limites de sa capacité obligent la partie qui a consenti à contracter avec lui; mais le mineur peut faire prononcer par le tribunal la nullité des actes qui lui préjudicient.

TITRE XI. — DE LA MAJORITÉ, DE L'INTERDICTION ET DU CONSEIL JUDICIAIRE,

Qu'est-ce que la majorité?

La majorité est l'état de celui qui a plus de vingt et un ans. A la différence du mineur, le majeur est entièrement capable d'exercer ses droits civils.

N'y a-t-il pas des majeurs qui sont frappés d'une incapacité plus ou moins complète d'exercer leurs droits civils?

Oui, il y a quelques majeurs frappés d'incapacité : ce sont les interdits et les prodigues.

Qu'est-ce que l'interdit?

L'interdit est une personne mise en tutelle soit par suite d'une condamnation à plus de cinq ans d'emprisonnement, soit par suite d'une sentence civile.

Dans quel cas une sentence civile frappe-t-elle une personne d'interdiction?

Une sentence civile frappe d'interdiction la personne qui est dans un état habituel de folie, de démence ou de fureur.

Quel effet produit l'interdiction?

L'individu qui est interdit devient, comme le mineur, incapable d'exercer ses droits civils; il a, comme le mineur, un tuteur pour le représenter dans les actes civils, un subrogé tuteur et un conseil de famille.

Comment sont employés les revenus de l'interdit?

Les revenus de l'interdit sont tous capitalisés, s'il s'agit d'un condamné; tandis que s'il s'agit d'un fou, ils sont employés principalement à sa guérison.

Celui qui est renfermé dans une maison d'aliénés est-il privé par là de l'exercice de ses droits civils?

Oui, celui qui est renfermé dans une maison d'aliénés est frappé de la même incapacité que l'interdit, tant que dure sa détention.

Qu'est-ce qu'un prodigue?

Un prodigue est celui qui se ruine en prodigalités.

Celui qu'une sentence civile déclare prodigue est-il frappé de la même incapacité que l'interdit?

Non, le prodigue administre lui-même ses biens;

mais il a un surveillant, appelé conseil judiciaire, qui lui est donné par le tribunal, et sans l'assistance duquel il ne peut faire les actes de nature à exposer sa fortune.

Quelles personnes peuvent demander l'interdiction ou le conseil judiciaire?

Les personnes qui peuvent demander l'interdiction ou le conseil judiciaire, sont : l'époux et les parents du fou ou prodigue.

Où la demande d'interdiction ou de conseil judiciaire est-elle portée?

La demande d'interdiction ou de conseil judiciaire est portée devant le tribunal de première instance, qui ne prononce sa sentence qu'après avoir reçu l'avis du conseil de famille, et qu'après avoir entendu celui que l'on prétend être fou ou prodigue.

L'interdit et le prodigue sont-ils frappés d'une incapacité perpétuelle?

Non, l'interdit et le prodigue sont rétablis dans l'exercice de leurs droits civils, quand le tribunal croit que les causes ayant motivé sa sentence ont cessé d'exister.

LIVRE DEUXIÈME.

DES BIENS ET DES DIFFÉRENTES MODIFICATIONS DE LA PROPRIÉTÉ.

Qu'est-ce que la loi désigne par le mot biens?

Par le mot *biens*, la loi désigne les choses susceptibles d'estimation, et par conséquent de nature à contribuer, dans une certaine mesure, au bien-être et au bonheur.

TITRE Ier. — DE LA DISTINCTION DES BIENS.

Comment divise-t-on les biens?
On divise les biens en meubles et en immeubles.

Combien y a-t-il d'espèces de meubles?
Il y a deux espèces de meubles : les meubles par nature et les meubles par détermination de la loi.

Quels sont les meubles par nature?
Les meubles par nature sont les choses corporelles qui se meuvent par elles-mêmes, comme un cheval, et celles qui sont mues seulement par une force étrangère, comme un bâton.

Quels sont les meubles par détermination de la loi?
Les meubles par détermination de la loi sont les choses incorporelles concernant des meubles par nature ; tels sont les créances et les actions ayant pour objet des sommes d'argent ou autres effets mobiliers, les rentes viagères ou perpétuelles, les intérêts et actions dans les sociétés civiles ou commerciales.

Combien y a-t-il d'espèces d'immeubles?
Il y a trois espèces d'immeubles : les immeubles par nature, les immeubles par destination et les immeubles par l'objet auquel ils s'appliquent.

Quels sont les immeubles par nature?
Les immeubles par nature sont les choses corporelles qui ne peuvent être changées de place, c'est-à-dire les fonds de terre et les maisons. En outre, les arbres plantés, les fruits pendants aux arbres et les récoltes tenant au sol sont immeubles comme le fonds de terre dont ils font partie. De même, les pierres et autres matériaux composant un bâtiment, et tout ce qui s'y trouve scellé à chaux ou à

plâtre, font partie de la maison et sont, par conséquent, immeubles comme elle.

*Si les choses adhérentes au fonds de terre ou à la
maison viennent à en être détachées, sont-elles encore immeubles?*

Non. Les choses adhérentes au fonds ou à la maison deviennent meubles dès qu'elles en sont détachées. Ainsi les arbres coupés, les fruits cueillis,
les épis détachés du sol, les matériaux d'une maison démolie sont maintenant des meubles par nature.

Quels sont les immeubles par destination?

Les immeubles par destination sont les choses
mobilières que le propriétaire a placées à perpétuelle
demeure dans son fonds ou dans sa maison, comme
les animaux destinés à la culture, les cuves et pres-
soirs, les ustensiles servant à l'exploitation d'une
forge, d'une papeterie ou autre usine.

*Quels sont les immeubles par l'objet auquel ils
s'appliquent?*

Les immeubles par l'objet auquel ils s'appliquent
sont les droits et actions ayant pour objet des immeubles, et les démembrements de la propriété
d'un immeuble, comme les droits d'usufruit, d'usage
et de servitude.

TITRE II. — De la propriété.

Qu'est-ce que la propriété?

La propriété est le droit d'user, de jouir et de
disposer d'une chose selon sa convenance, pourvu
qu'on ne contrevienne pas aux lois.

*Que signifie cette maxime : « La propriété est sa-
crée? »*

La maxime : « La propriété est sacrée, » signifie
que chacun doit respecter comme sacrée la chose

d'autrui. Celui qui vend ou lègue une chose dont il n'est pas propriétaire est considéré comme convoitant la chose du prochain ; c'est pourquoi la loi frappe de nullité un pareil acte.

Le maître d'une chose peut-il être contraint à la vendre ?

Non, le maître d'une chose ne peut pas être contraint à la vendre. Il y a cependant exception à cette règle, dans le cas où l'utilité générale, qui doit l'emporter sur les intérêts privés, réclame impérieusement l'acquisition d'une chose. Ainsi, quand des fonds de terre ou des maisons sont nécessaires pour l'établissement d'une rue, d'une route ou d'un chemin de fer, les propriétaires de ces fonds ou maisons voudraient en vain les garder : ils sont expropriés pour cause d'utilité publique ; mais ils ont droit à une juste et préalable indemnité.

Qu'entend-on par droit d'accession ?

On entend par droit d'accession le droit du propriétaire d'une chose sur les fruits qu'elle produit et sur tout ce qui vient s'y unir.

Le propriétaire, qui profite de tous les fruits de son fonds, n'est-il pas tenu de rembourser les frais de labours, travaux et semences qui auraient été faits par des tiers ?

Oui, le propriétaire qui profite des fruits de son fonds, doit payer les frais que des tiers y ont faits ; car l'équité naturelle ne permet à personne de s'enrichir aux dépens d'autrui.

Le possesseur de la chose d'autrui en acquiert-il les fruits ?

Non ; les fruits, même perçus par le possesseur de la chose d'autrui, appartiennent au propriétaire de cette chose. Cependant, si un possesseur a juste titre, il acquiert les fruits qu'il perçoit de bonne foi. Or, il a *juste titre*, quand il possède la chose en vertu d'un achat, d'une donation ou de toute autre cause qui est, de sa nature, translative de propriété. Il a *bonne foi*, quand il se croit propriétaire à l'époque où il perçoit les fruits de la chose possédée.

Si des fouilles, constructions ou plantations existent dans un fonds, par qui sont-elles présumées faites?

Les divers travaux existant sur un fonds sont présumés faits par le propriétaire et à ses frais, puisque, la manière d'être de sa chose devant être respectée par tous, nul autre que lui n'avait le droit de les faire.

Le propriétaire qui a construit sur son fonds avec les matériaux d'autrui, est-il tenu de les restituer?

Non. Le propriétaire du fonds n'est pas tenu de restituer les matériaux d'autrui qui, par leur incorporation au fonds, en sont devenus des accessoires; celui à qui appartenaient ces matériaux n'a plus droit qu'à une indemnité.

Le propriétaire sur le fonds duquel un tiers a fait des constructions, des plantations ou autres ouvrages, peut-il les garder sans avoir rien à payer?

Non, le propriétaire ne peut jamais garder les constructions faites par un tiers sans rien payer, car il s'enrichirait aux dépens d'autrui.

Que doit payer le propriétaire du fonds sur lequel un tiers a fait des travaux?

Le propriétaire du fonds doit payer au constructeur de bonne foi, c'est-à-dire se croyant propriétaire du fonds, le prix des matériaux et de la main-d'œuvre, ou, à son choix, la valeur dont le fonds se trouve augmenté. Quand le constructeur est de mauvaise foi, le propriétaire peut, à son choix, retenir les ouvrages en payant le prix des matériaux et de la main-d'œuvre, ou faire enlever les ouvrages, et, dans ce dernier cas, réclamer au constructeur la réparation du préjudice causé.

Le propriétaire du colombier, de la garenne ou de l'étang, dans lesquels s'établissent les pigeons, les lapins ou les poissons d'autrui, en acquiert-il la propriété?

Oui, le propriétaire acquiert les pigeons, les lapins et les poissons ; mais il est tenu d'une indemnité s'il les a attirés par fraude ou artifice.

Qu'est-ce que l'alluvion?

L'alluvion est l'augmentation insensible de l'étendue d'un fonds, lorsque le fleuve y fait des atterrissements ou qu'il se retire vers l'autre rive.

Le propriétaire profite-t-il de l'augmentation de son fonds par alluvion, sans avoir rien à payer?

Oui, le propriétaire du fonds accru par alluvion n'a rien à payer. Il serait d'ailleurs souvent impossible de préciser la personne à laquelle une indemnité serait due.

Le propriétaire du fonds dont une partie reconnaissable est transportée par la violence du fleuve dans un fonds inférieur, peut-il la revendiquer?

Oui, le propriétaire peut, mais seulement dans l'année, revendiquer la partie de son fonds contre le propriétaire du fonds inférieur.

Quand le fleuve se forme un nouveau lit, à qui appartient le lit abandonné?

Le lit abandonné appartient, à titre d'indemnité, aux propriétaires des fonds nouvellement occupés par le fleuve.

A qui appartiennent les îles et îlots qui se forment dans un fleuve ou rivière?

Les îles et îlots qui se forment dans un fleuve appartiennent aux propriétaires riverains des deux côtés, à partir de la ligne qu'on suppose tracée au milieu du fleuve. Toutefois, ils appartiendraient à l'Etat s'il s'agissait d'un fleuve navigable ou flottable.

Quand deux choses mobilières, ayant différents maîtres, sont unies de manière à former un seul objet, quel est celui des maîtres qui est propriétaire de cet objet?

C'est le maître de la chose principale qui devient propriétaire de tout l'objet; mais il doit une indemnité au maître de la chose accessoire.

Que prend-on en considération pour connaître quelle est la chose principale?

Pour connaître quelle est la chose principale, on prend en considération la valeur, le volume, le poids et la main-d'œuvre des deux choses qui sont unies.

TITRE III. — De l'usufruit, de l'usage et de l'habitation.

Quels sont les divers démembrements de la propriété?

Les divers démembrements de la propriété sont les droits de jouissance, d'usage et d'habitation, qui sont constitués au profit de personnes, et les droits de servitude, qui sont constitués en faveur des immeubles.

§ 1er. — De l'usufruit.

Qu'est-ce que l'usufruit?

L'usufruit est le droit qu'a une personne d'user et de jouir de la chose d'autrui, à la charge d'en conserver la substance.

Comment appelle-t-on celui qui a l'usufruit, c'est-à-dire à la fois l'usage et la jouissance de la chose?

On appelle celui auquel l'usufruit appartient *usufruitier*; tandis que le maître de la chose est nommé *nu-propriétaire*.

Sur quels biens peut s'établir le droit d'usufruit?

Le droit d'usufruit peut s'établir sur toute espèce de biens, meubles ou immeubles.

L'usufruit peut-il être établi sur les choses qui se consomment par l'usage, comme l'argent, les grains et les liqueurs?

Oui, l'usufruit peut s'établir sur les choses qui se consomment par l'usage. Mais il existe alors un usufruit improprement dit. Les choses sont estimées; l'usufruitier en acquiert la pleine propriété et, par suite, il peut en disposer à son gré, car il est tenu seulement d'en payer l'estimation, lors de l'extinction de son droit.

Comment est constitué le droit d'usufruit?

Le droit d'usufruit est constitué par acte entre-vifs, par testament ou même par la loi; en effet, celui des père et mère qui exerce la puissance paternelle a l'usufruit légal des biens de ses enfants qui n'ont pas encore dix-huit ans.

Quels sont les droits de l'usufruitier?

L'usufruitier a droit à tous les fruits de la chose, c'est-à-dire à tout ce qu'elle produit d'après sa destination. Mais, comme il en doit conserver la substance qui appartient au nu-propriétaire, il ne peut ni la dénaturer ni en disposer.

Combien distingue-t-on d'espèces de fruits?

On distingue trois espèces de fruits : les fruits naturels, les fruits industriels et les fruits civils.

Quels sont les fruits naturels?

Les fruits naturels sont les fruits produits spontanément par la terre, comme le bois, le foin. Le produit et le croît des animaux sont aussi des fruits naturels.

Quels sont les fruits industriels?

Les fruits industriels sont ceux qui sont produits par la culture, comme le blé et le raisin.

Quels sont les fruits civils?

Les fruits civils sont ceux qui résultent d'une convention ou de la loi, comme les intérêts des capitaux, les arrérages des rentes ou pensions et le prix des baux.

Tous les fruits s'acquièrent-ils de la même manière?

Non, tous les fruits ne s'acquièrent pas de la même manière. Les fruits naturels et les fruits industriels s'acquièrent par la perception faite conformément aux usages des anciens propriétaires. Les fruits civils s'acquièrent, au contraire, jour par jour; en conséquence, ils appartiennent à l'usufruitier ou même à ses héritiers dans la proportion de la durée du droit d'usufruit.

Si l'usufruit s'ouvre quand la vendange, la moisson ou la coupe de bois est sur le point d'avoir lieu, l'usufruitier qui la fait doit-il au nu-propriétaire les frais de labours, semences et autres?

Non, l'usufruitier qui fait la récolte déjà mûre lors de l'ouverture de son droit, ne doit absolument rien au nu-propriétaire. Mais, de son côté, il ne peut rien réclamer si son usufruit finit lors de la maturité des fruits non encore perçus, ou lorsque la coupe de bois, qui, par sa négligence, n'a pas eu lieu, aurait pu être faite d'après l'ordre des aménagements.

L'usufruitier peut-il céder son usufruit?

Non, l'usufruitier ne peut pas céder son usufruit; un pareil droit est essentiellement personnel et incessible. Mais l'usufruitier peut vendre, donner ou louer *l'exercice* de son droit, c'est-à-dire la faculté qu'il a de percevoir les fruits de la chose tant que durera son usufruit. Les baux qu'il a faits pour une durée de neuf ans doivent toujours, lors de la cessation de l'usufruit, être respectés par le propriétaire

Quelles sont les obligations de l'usufruitier?

L'usufruitier doit, avant son entrée en jouissance, fournir caution de jouir en bon père de famille, et faire procéder, à ses frais, à l'inventaire des meubles et à l'état des immeubles. Il doit aussi, pendant la durée de sa jouissance, supporter toutes les charges annuelles du fonds, notamment les impôts, et faire toutes les réparations autres que les grosses, celles-ci restant à la charge du nu-propriétaire.

Quelles sont les grosses réparations?

Les grosses réparations sont celles qui concernent les gros murs et les voûtes ; le rétablissement des poutres et des couvertures entières, et celui des digues, des murs de soutènement et de clôture aussi en entier.

Le père, ou la mère survivante, qui a l'usufruit légal des biens de ses enfants mineurs, est-il tenu de fournir caution?

Non, le père, ou la mère survivante, qui a l'usufruit légal, est dispensé de fournir caution.

Comment s'éteint l'usufruit?

L'usufruit s'éteint par la mort de l'usufruitier, par la perte de la chose, par l'expiration du temps fixé pour sa durée, par la consolidation ou réunion sur la même tête de l'usufruit et de la nu-propriété, et enfin par l'abus grave de la jouissance.

§ 2. — De l'usage et de l'habitation.

Qu'est-ce que l'usage?

L'usage est le droit appartenant à une personne de se servir de la chose d'autrui et d'en percevoir les fruits nécessaires à ses besoins et à ceux de sa famille.

Qu'est-ce que l'habitation?

L'habitation est le droit conféré à une personne d'occuper dans la maison d'autrui les appartements qui lui sont nécessaires et à sa famille.

Quelles obligations doit remplir celui qui a l'usage ou l'habitation?

Celui qui a l'usage ou l'habitation doit remplir les mêmes obligations que l'usufruitier en ce qui concerne la caution à fournir et l'inventaire des meubles ou l'état des immeubles ; mais il ne supporte les frais d'entretien et les charges annuelles que proportionnellement à sa jouissance.

Celui qui a l'usage ou l'habitation peut-il, comme l'usufruitier, en céder l'exercice?

Non, celui qui a l'usage ou l'habitation a un droit dont l'exercice est essentiellement personnel.

Comment se constituent et s'éteignent l'usage et l'habitation?

L'usage et l'habitation se constituent et s'éteignent par les mêmes modes que l'usufruit.

TITRE IV. — Des servitudes ou services fonciers.

Qu'est-ce qu'une servitude?

Une servitude est une charge imposée sur un fonds pour l'usage et l'utilité d'un fonds appartenant à un autre propriétaire.

Comment appelle-t-on le fonds sur lequel pèse la servitude?

On appelle le fonds sur lequel pèse la servitude, *fonds servant;* tandis que celui en faveur duquel existe la servitude est appelé *fonds dominant.*

D'où dérivent les servitudes?

Les servitudes dérivent : 1° de la situation naturelle des lieux ; 2° des obligations imposées par la loi ; 3° enfin, des conventions entre les propriétaires.

§ 1ᵉʳ. — Des servitudes qui dérivent de la situation des lieux.

Quelles sont les servitudes résultant de la situation des lieux?

Les servitudes résultant de la situation des lieux sont celles qui concernent le bornage, la clôture des propriétés et l'écoulement des eaux.

I. — *En quoi consiste la servitude de bornage?*

La servitude de bornage consiste dans l'obligation imposée aux propriétaires de fonds contigus de contribuer, sur la demande de l'un d'eux, aux frais nécessaires pour le bornage de leurs héritages.

Quels sont les frais occasionnés par le bornage?

Les frais occasionnés par le bornage sont ceux d'arpentage, d'achat de bornes et de placement des bornes sur les lignes séparatives des héritages.

Les divers frais de bornage sont-ils supportés par moitié par les deux voisins qui procèdent au bornage?

Oui, les propriétaires contribuent chacun pour moitié aux frais de bornage. Mais chaque voisin supporte les frais d'arpentage en proportion des vacations faites sur son fonds.

II. — *Chacun peut-il, sauf à laisser un passage au fonds enclavé, clore son héritage de murs, de haies, de palissades ou de fossés?*

Oui, chacun peut clore sa propriété. Les anciennes lois qui empêchaient les propriétaires de clore leurs héritages sont abolies par le Code Napoléon.

III. — *Quelles sont les servitudes concernant l'écoulement des eaux?*

Les servitudes concernant l'écoulement des eaux sont au nombre de deux : 1° le propriétaire du fonds inférieur est tenu de recevoir dans sa propriété les eaux qui découlent naturellement du fonds supérieur; 2° le propriétaire d'une source, qui a généralement le droit d'en user à sa volonté, ne peut cependant en changer le cours s'il fournit aux habitants d'une commune ou hameau l'eau qui leur est nécessaire; mais il a droit à une indemnité de la part de ces habitants, si ceux-ci ne l'ont pas prescrite par un usage de trente ans.

N'existe-t-il pas, à l'égard des eaux, une remarquable disposition?

Oui, la loi donne à celui dont la propriété borde une eau courante, le droit de s'en servir à son passage pour l'irrigation de son héritage.Mais ce droit n'existe pas à l'égard des rivières navigables ou flottables.

N'y a-t-il pas des lois postérieures au Code Napoléon qui établissent des servitudes relativement à l'écoulement des eaux?

Oui, des lois postérieures au Code Napoléon, établissent des servitudes relativement à l'écoulement des eaux : ce sont celles de 1845 et de 1847 sur l'irrigation, et celle de 1854 sur le drainage. Elles ont toutes pour but de favoriser le développement de l'agriculture.

Quel est l'objet de la loi de 1845 sur l'irrigation?

La loi de 1845 sur l'irrigation contient deux dispositions : 1° le propriétaire riverain qui, pour l'irrigation de ses propriétés riveraines ou non riveraines du fleuve, veut se servir des eaux dont il a le droit de disposer, peut, moyennant une indemnité, les faire passer sur les fonds intermédiaires; 2° le propriétaire d'un fonds submergé peut aussi, moyennant indemnité, faire passer les eaux qui lui nuisent à travers les fonds intermédiaires, pour les faire arriver à un cours d'eau ou à toute autre voie d'écoulement.

Quel est l'objet de la loi de 1847 sur l'irrigation?

D'après la loi de 1847 sur l'irrigation, le propriétaire riverain qui veut se servir des eaux dont il a le droit de disposer, peut, moyennant une juste et préalable indemnité, appuyer sur la rive opposée les ouvrages nécessaires à sa prise d'eau.

Qu'est-ce que le drainage?

Le drainage est l'asséchement des terres humides et conservant l'eau, afin d'assainir le fonds et d'en faciliter la culture.

Comment se pratique le drainage?

Le drainage se pratique au moyen de tuyaux de poterie placés dans des rigoles et communiquant les uns avec les autres, pour faciliter l'écoulement des eaux.

Quel est l'objet de la loi de 1854 sur le drainage?

La loi de 1854 sur le drainage dispose : 1° que le propriétaire qui veut drainer son fonds, peut, moyennant indemnité, conduire les eaux nuisibles, souterrainement ou à ciel ouvert, à travers les propriétés qui séparent ce fonds d'un cours d'eau ou de toute autre voie d'écoulement; 2° que les propriétaires des fonds traversés peuvent, lorsqu'ils veulent eux-mêmes drainer leurs fonds, se servir des travaux faits par un voisin, en supportant une partie proportionnelle de la dépense.

N'y a-t-il pas des fonds affranchis des servitudes introduites par les lois de 1845, 1847 et 1854?

Oui, les maisons, cours, jardins, parcs et enclos attenant aux habitations sont affranchis des servitudes d'irrigation et de drainage.

§ 2. — Des servitudes établies par la loi.

Quelles sont les servitudes établies par la loi?

Les servitudes établies par la loi sont celles qui concernent : 1° la mitoyenneté du mur, du fossé ou de la haie; 2° la distance à laisser ou les travaux à faire pour certaines constructions; 3° l'égout des toits; 4° le droit de passage; 5° la distance prescrite pour la plantation des arbres; 6° enfin, les droits de vue.

I. — *Quand une chose est-elle mitoyenne ?*

Une chose est mitoyenne, mot composé des pronoms *moi* et *toi*, lorsqu'elle est placée entre deux fonds et que chaque voisin est propriétaire de la partie assise sur la limite de son héritage.

Quand un mur est-il présumé mitoyen ?

Un mur est présumé mitoyen jusqu'à l'héberge, c'est-à-dire jusqu'au point le plus élevé du toit inférieur, quand il se trouve placé entre bâtiments, entre cours et jardins, ou entre enclos dans les champs.

La présomption de mitoyenneté ne cesse-t-elle pas devant les marques du contraire?

Oui, la présomption de mitoyenneté cesse devant les marques du contraire. Ainsi, le propriétaire du côté duquel sont différentes marques appelées chaperons, filets, corbeaux, est censé avoir la propriété du mur entier.

Les titres ou écrits ne l'emportent-ils pas sur les présomptions ?

Oui, les écrits sont plus forts que les présomptions, car ils font la loi des parties.

Quelles sont les obligations des copropriétaires d'un mur mitoyen?

Les copropriétaires d'un mur mitoyen sont tenus de contribuer aux frais de réparation et de reconstruction du mur.

Quels sont les droits des copropriétaires d'un mur mitoyen?

Chacun des copropriétaires d'un mur mitoyen a

le droit : 1° de placer des poutres dans toute l'épaisseur du mur mitoyen ; 2° de faire exhausser le mur, mais à ses frais et en payant à l'autre copropriétaire une indemnité à raison de la surcharge ; 3° de faire, à ses frais, abattre le mur qui n'est pas en état de supporter l'exhaussement, afin de le reconstruire avec plus de solidité.

Le copropriétaire du mur mitoyen peut-il acquérir la mitoyenneté de la partie exhaussée?

Oui, le copropriétaire du mur mitoyen peut acquérir la mitoyenneté de la partie exhaussée, mais en payant la moitié de ce que cet exhaussement a coûté.

Le voisin peut-il acquérir la mitoyenneté de tout ou partie d'un mur qui joint immédiatement sa propriété?

Oui, le voisin peut acquérir la mitoyenneté de tout ou partie du mur joignant sa propriété, en payant la valeur du sol qu'il acquiert et la moitié du mur qu'il rend mitoyen.

Un propriétaire a-t-il, dans certains cas, le droit de contraindre son voisin à contribuer aux frais de construction et de réparation d'un mur mitoyen?

Oui, dans les villes et faubourgs, un propriétaire a, pour cause de sécurité, le droit de contraindre son voisin à contribuer aux frais de construction et de réparation d'un mur séparant leurs maisons, cours et jardins.

Quand le fossé est-il présumé mitoyen?

Le fossé est présumé mitoyen toutes les fois qu'il est creusé entre deux héritages. La circonstance qu'un seul des héritages est en état de clôture ne ferait point, à l'égard du fossé, cesser la présomption de mitoyenneté.

N'existe-t-il pas quelquefois, à l'égard du fossé, des marques de non-mitoyenneté?

Oui, il y a marque de non-mitoyenneté du fossé quand le rejet de la terre se trouve d'un seul côté. Alors, le fossé est présumé appartenir entièrement au propriétaire de l'héritage sur lequel est le rejet.

Quand la haie est-elle présumée mitoyenne?

La haie est présumée mitoyenne quand elle se trouve sur la limite de deux héritages.

L'un des voisins n'est-il pas quelquefois présumé propriétaire de toute la haie?

Oui, l'un des voisins est présumé propriétaire de toute la haie, quand il a l'habitude de couper seul la haie, ou quand son héritage se trouve seul en état de clôture.

II. — *Les règlements n'imposent-ils pas au propriétaire l'obligation de laisser entre le mur, mitoyen ou non, et certaines constructions, une distance déterminée ou de faire des travaux intermédiaires?*

Oui, les règlements imposent au propriétaire, qui veut soit creuser un puits ou une fosse d'aisance, soit construire une cheminée ou âtre, forge, four ou fourneau, soit adosser une étable, soit établir un magasin de sel ou amas de matières corrosives, l'obligation de laisser entre le mur et le nouvel ouvrage une distance déterminée ou de faire des travaux intermédiaires, pour ne pas nuire au voisin.

III. — *Un propriétaire peut-il établir un toit de telle manière que les eaux pluviales soient versées sur le fonds de son voisin?*

Non, chaque propriétaire est tenu de faire écouler les eaux pluviales de ses toits sur la voie publique ou sur son terrain; il n'a pas le droit de les faire arriver sur le fonds de son voisin.

IV. — *En quoi consiste la servitude de passage?*

La servitude de passage consiste dans le droit accordé au propriétaire d'un fonds enclavé, et sans issue sur la voie publique, de réclamer, moyennant indemnité, un passage sur le fonds de ses voisins pour l'exploitation de son héritage.

V. — Quelle distance le propriétaire doit-il laisser entre le lieu où il veut planter un arbre et la limite de son héritage?

Le propriétaire doit laisser entre l'arbre qu'il veut planter et la limite de son héritage la distance de 2 mètres pour les arbres de haute tige, et celle d'un demi-mètre pour les haies vives et les arbres qui ne sont pas de haute tige ; sinon le propriétaire voisin pourrait, pendant trente ans, les faire abattre.

Quels sont les droits du propriétaire voisin sur l'héritage duquel s'étendent les branches ou les racines des arbres d'un autre héritage?

Le propriétaire voisin peut faire couper les branches et couper lui-même les racines qui avancent dans son héritage.

VI. — Le copropriétaire d'un mur mitoyen peut-il y ouvrir des fenêtres ou jours?

Non, le copropriétaire d'un mur mitoyen ne peut jamais y faire aucune ouverture sans le consentement de son copropriétaire.

Celui qui a la propriété entière d'un mur peut-il y ouvrir des fenêtres?

Oui, celui qui a la propriété entière d'un mur peut, à son gré, y ouvrir des fenêtres ou jours, pourvu qu'il existe, entre le lieu où se fait l'ouverture et la ligne séparative du fonds voisin, la distance de 1 mètre 90 centimètres, quand il s'agit de vues droites, ou celle de 1 mètre 10 centimètres quand il s'agit de vues de côté ou obliques. Lorsque cette distance n'existe pas, le propriétaire du mur peut seulement établir, à 2 mètres 60 centimètres au-dessus du rez-de-chaussée, et à 1 mètre 90 centimètres au-dessus du plancher des étages supérieurs, des jours garnis d'un châssis à verre dormant et d'un treillis de fer dont les mailles ont au plus 10 centimètres d'ouverture.

§ 5. — Des servitudes établies par le fait de l'homme.

Les propriétaires voisins peuvent-ils établir sur leurs fonds toute espèce de servitudes?

Oui, les propriétaires voisins peuvent établir sur leurs fonds toute espèce de servitudes, pourvu que ces servitudes soient établies sur un fonds en faveur d'un fonds appartenant à un autre propriétaire, et qu'elles ne contiennent rien de contraire à l'ordre public.

Comment divise-t-on les servitudes?

On divise les servitudes en deux classes, qui sont : 1° les servitudes continues ou discontinues; 2° les servitudes apparentes ou non apparentes.

Qu'est-ce qu'une servitude continue?

Une servitude continue est celle qui n'a pas besoin du fait actuel de l'homme pour être exercée, comme les vues et les conduites d'eau ; tandis que la servitude *discontinue* ne s'exerce que par le fait actuel de l'homme, comme le passage et le puisage d'eau.

Qu'est-ce qu'une servitude apparente?

Une servitude apparente est celle qui s'annonce par des ouvrages extérieurs, comme une porte, une fenêtre; tandis que la servitude *non apparente* ne s'annonce point par des ouvrages extérieurs, comme la prohibition de bâtir sur un fonds.

Comment s'établissent les servitudes?

Les servitudes s'établissent par actes entre-vifs ou testamentaires.

Les servitudes qui sont en même temps continues et apparentes ne peuvent-elles pas s'établir autrement que par des écrits?

Oui, les servitudes continues et apparentes peuvent aussi s'établir : 1° par la prescription de trente ans ; 2° par la destination du père de famille ; or cette destination existe quand l'ancien propriétaire de deux fonds, maintenant divisés, a établi les choses dans l'état duquel résulte une servitude continue et apparente ; 3° enfin, par l'aliénation que fait le propriétaire de l'un de ses deux fonds entre lesquels il existe un signe apparent d'ancienne servitude.

Par qui sont supportés les frais nécessaires pour l'usage et la conservation de la servitude?

Les frais pour l'usage et la conservation de la servitude sont supportés par le propriétaire du fonds dominant, s'il n'existe pas à cet égard une convention contraire.

La servitude se trouve-t-elle modifiée par la division du fonds dominant ou du fonds servant?

Non, la servitude n'est pas modifiée par la division des fonds. Les divers propriétaires de parties du fonds dominant auront chacun la servitude, mais sans que celle-ci puisse être aggravée ; c'est pourquoi ils devront tous, par exemple, exercer le droit de passage par le même endroit.

Comment s'éteignent les servitudes?

Les servitudes s'éteignent : 1° par le non-usage de la servitude pendant trente ans ; 2° par la perte du fonds dominant ou du fonds servant, ou par tout autre événement qui rend impossible l'exercice de la servitude; 3° par la renonciation que fait le propriétaire du fonds dominant à son droit de servitude; 4° enfin, par la réunion sur la même tête du fonds dominant et du fonds servant.

LIVRE TROISIÈME.

DES DIFFÉRENTES MANIÈRES DONT ON ACQUIERT LA PROPRIÉTÉ.

—

DISPOSITIONS GÉNÉRALES.

Comment divise-t-on les manières d'acquérir la propriété?

On divise les manières d'acquérir la propriété en trois classes, qui sont :

1° Les manières d'acquérir d'après le droit naturel, ou bien d'après le droit civil ;

2° Les manières d'acquérir à titre universel, ou bien à titre particulier ;

3° Les manières d'acquérir à titre gratuit, ou bien à titre onéreux ;

I. — *Quelles sont les manières d'acquérir la propriété d'après le droit naturel?*

Les manières d'acquérir d'après le droit naturel, qui sont d'ailleurs reconnues et confirmées par le droit civil, sont l'occupation, l'accession et la tradition.

Qu'est-ce que l'occupation?

L'occupation est l'appréhension d'une chose qui n'appartient à personne, avec l'intention d'en devenir propriétaire.

Quelles sont les choses qui n'appartiennent à personne?

Les choses qui n'appartiennent à personne sont les animaux sauvages et les poissons, jouissant de leur liberté, et les objets rejetés par le propriétaire. Celui qui s'empare de ces animaux, poissons ou objets par la chasse, par la pêche ou par la simple invention, en acquiert ainsi la propriété.

Celui qui trouve une chose oubliée ou perdue par le maître, en devient-il propriétaire?

Non, la chose oubliée ou perdue n'étant pas rejetée, elle reste la propriété de celui qui l'a oubliée ou perdue. De là, si celui qui la trouve tentait de se l'approprier, il commettrait un vol, puni par la loi.

Qu'est-ce que l'accession?

L'accession est la réunion d'une chose à une autre dont elle devient une partie accessoire. Le maître de la chose principale devient propriétaire du tout; mais il doit, en général, une indemnité à l'ancien maître de la chose accessoire.

Le trésor caché dans un fonds depuis très-longtemps et sur lequel personne ne pourrait justifier sa propriété, est-il l'accessoire du fonds?

Non, le trésor n'est pas l'accessoire du fonds, mais il n'est cependant pas une chose rejetée et pouvant appartenir au premier occupant. Dans cette circonstance, la loi attribue la moitié du trésor au maître du fonds, et l'autre moitié à celui qui l'a découvert par l'effet du hasard. Mais si le maître du fonds découvre le trésor par lui-même ou par des ouvriers employés à cet effet, il en acquiert la propriété entière.

Qu'est-ce que la tradition?

La tradition est la remise que le propriétaire fait de sa chose à une personne, dans le but de lui en transférer la propriété. La volonté commune des parties produit aussitôt son effet.

Quelles sont les manières d'acquérir d'après le droit civil?

Les manières d'acquérir la propriété d'après le

droit civil sont : la succession, la donation entre-vifs, la donation testamentaire, l'effet des obligations et la prescription. Ces manières d'acquérir, qui ont une haute importance, sont expliquées dans les divers titres de ce livre.

II. — *Quelles sont les manières d'acquérir la propriété à titre universel?*

Les manières d'acquérir à titre universel sont la succession et le legs universel ou à titre universel.

Quelles sont les manières d'acquérir à titre particulier?

Les manières d'acquérir à titre particulier sont, par exemple, l'occupation, la tradition, la vente ou la donation d'un meuble ou d'un immeuble.

Quelle différence y a-t-il entre l'acquéreur à titre universel et l'acquéreur à titre particulier?

L'acquéreur à titre universel est tenu des dettes de son auteur, tandis que l'acquéreur à titre particulier n'en est pas tenu.

III. — *Quelles sont les manières d'acquérir la propriété à titre gratuit?*

Les manières d'acquérir à titre gratuit sont la donation, le legs et les autres actes où celui qui acquiert un droit ne donne aucun équivalent et reçoit une pure libéralité.

Quelles sont les manières d'acquérir à titre onéreux?

Les manières d'acquérir à titre onéreux sont la vente, l'échange et tous autres contrats où celui qui acquiert une chose s'engage à donner lui-même un équivalent de cette chose.

TITRE Ier. — DES SUCCESSIONS.

Qu'est-ce qu'une succession?

Une succession est la transmission des biens.

droits et charges d'une personne morte à un ou à plusieurs vivants qui deviennent héritiers.

Quand s'ouvre la succession d'une personne?

La succession d'une personne s'ouvre à l'instant même de son décès.

Combien y a-t-il d'espèces d'héritiers?

Il y a deux espèces d'héritiers : les héritiers légitimes et les héritiers irréguliers.

Quels sont les héritiers légitimes?

Les héritiers légitimes sont les membres de la famille civile du défunt.

Quels sont les héritiers irréguliers?

Les héritiers irréguliers sont l'enfant naturel, le conjoint survivant et l'Etat.

Quelle différence y a-t-il entre les droits des héritiers légitimes et ceux des héritiers irréguliers?

L'héritier légitime est saisi des biens actifs et passifs du défunt; de là cette ancienne maxime : « Le mort saisit le vif, son hoir le plus proche et habile à succéder. » Il devient donc, à l'instant même de l'ouverture de la succession, propriétaire et possesseur de tous les biens qui la composent. L'héritier irrégulier, au contraire, n'a pas la saisine; quoiqu'il soit propriétaire des biens de la succession, il faut qu'il en demande la possession au tribunal civil du domicile du défunt.

Qui peut succéder?

Toutes les personnes, nées ou conçues, même les étrangers, sont également habiles à succéder. Toutefois, on exclut comme indignes ceux qui sont coupables de certains torts très-graves envers le défunt.

§ 1er. — Des divers ordres de succession.

Sur quoi reposent les divers ordres de succession?

Les divers ordres de succession reposent sur l'affection présumée du défunt.

A qui le défunt est-il présumé avoir voulu laisser sa succession?

Le défunt est présumé avoir voulu laisser sa succession à ses descendants plutôt qu'à ses ascendants, et à ses ascendants plutôt qu'à ses collatéraux. C'est pourquoi la loi établit trois ordres de successions : celui des descendants, celui des ascendants et celui des collatéraux.

Quels sont les parents que, dans chaque ordre, le défunt est censé avoir préférés?

Dans chaque ordre, le défunt est censé avoir préféré ses parents les plus proches à ses parents de degrés plus éloignés.

La succession échue à des ascendants ou à des collatéraux ne se divise-t-elle pas en deux parts?

Oui, la succession échue à des ascendants ou à des collatéraux se divise en deux parts : moitié de la succession appartient aux plus proches parents de la branche paternelle, et l'autre moitié appartient aux plus proches parents de la branche maternelle. Il arrive par là que des parents de deux ordres différents peuvent venir ensemble à une succession ; que, par exemple, le père ou la mère peut concourir avec des collatéraux qui sont parents du défunt même à des degrés éloignés.

Le plus proche parent du défunt exclut-il toujours le parent le plus éloigné de même ordre et de même branche?

Oui ; en général, le parent le plus proche exclut le plus éloigné en degrés. Cependant, le bénéfice de la représentation qui existe en faveur des descendants du défunt, et en faveur des enfants de ses frère ou sœur, fait admettre à sa succession des parents en degrés inégaux de même ordre et de même branche.

Dans quel cas le bénéfice de la représentation fait-il arriver à la succession du défunt ses descendants de divers degrés?

Le bénéfice de la représentation fait arriver à la succession du défunt ses descendants de divers degrés dans le cas suivant : Une personne meurt, laissant un enfant et des petits-enfants nés d'un autre enfant prédécédé; les petits-enfants représentent leur père ou mère et prennent ensemble la part que celui-ci aurait eue s'il eût survécu; ils ont donc ensemble la moitié de la succession de leur aïeul, et l'enfant du défunt a l'autre moitié.

Dans quel cas le bénéfice de la représentation fait-il arriver à la succession du défunt des collatéraux de divers degrés?

Le bénéfice de la représentation fait arriver des collatéraux de divers degrés à la succession du défunt, quand celui-ci laisse des frères ou sœurs, et des neveux ou nièces nés de frères ou sœurs prédécédés : les neveux viennent prendre dans la succession, en concours avec leurs oncles, la part que leur père ou mère aurait eue s'il eût survécu.

Quand il y a lieu à la représentation, comment se fait le partage?

Quand il y a lieu à la représentation, le partage, qui se fait ordinairement par têtes, se fait alors par souches; tous les représentants d'une personne ne font ensemble qu'une souche et ne comptent que pour une personne.

S'il y a seulement des petits-fils nés d'enfants différents, ou des neveux nés de frères ou sœurs différents, le partage se fait-il aussi par souches?

Oui, tous les enfants d'une même personne la représentent, ne comptent tous que pour une tête, et ne prennent ensemble qu'une part.

Combien y a-t-il de lignes de parenté ?

Il y a deux lignes de parenté : la ligne directe et la ligne collatérale. La ligne directe, qui se divise en ascendante et descendante, est la série des parents descendant l'un de l'autre. La ligne collatérale est la série des parents ne descendant pas l'un de l'autre, mais ayant un auteur commun.

Comment compte-t-on les degrés de parenté en ligne directe ?

On compte les degrés de parenté en ligne directe par les générations. Ainsi, du père au fils, il y a un degré; de l'aïeul au petit-fils, il y a deux degrés.

Comment compte-t-on les degrés de parenté en ligne collatérale ?

On compte les degrés de parenté en ligne collatérale par les générations qui existent dans l'une et l'autre ligne en remontant jusqu'à l'auteur commun. Ainsi, deux frères sont entre eux au second degré; l'oncle et le neveu, au troisième degré; les cousins germains, au quatrième degré, puisqu'il y a deux générations dans chaque ligne pour arriver à l'aïeul, qui est l'auteur commun des deux cousins.

§ 2. — Des successions déférées aux descendants,
aux ascendants et aux collatéraux.

Tous les enfants du défunt ont-ils les mêmes droits à la succession de leurs père et mère ?

Oui; tous les enfants légitimes, légitimés ou adoptifs ont des droits égaux à la succession de leurs père et mère. Ils succèdent par têtes, s'ils sont tous du premier degré; ils succèdent, au contraire, par souches, s'il y en a parmi eux qui viennent par représentation.

Quand les ascendants sont-ils appelés à succéder?

Les ascendants sont appelés à succéder quand le défunt ne laisse pas de descendants.

Les ascendants du défunt ont-ils tous les mêmes droits dans sa succession?

Non, la succession déférée aux ascendants se divise en deux parts : moitié appartient aux plus proches ascendants de la ligne paternelle, et l'autre moitié aux plus proches ascendants de la ligne maternelle.

S'il n'y a d'ascendants que dans une ligne, cet ascendant recueille-t-il toute la succession?

Non, quand il n'y a d'ascendant que dans une ligne, il ne prend qu'une moitié de la succession ; l'autre moitié revient aux parents collatéraux de l'autre ligne. Toutefois, l'ascendant père ou mère du défunt a l'usufruit du tiers de la moitié dévolue aux collatéraux.

Les frères et sœurs du défunt et les descendants d'eux sont-ils exclus par les ascendants?

Non. Les frères et sœurs du défunt et les descendants d'eux jouissent d'un privilége : ils prennent la moitié de la succession, si le défunt laisse ses père et mère; les trois quarts, si le défunt laisse seulement l'un de ses père et mère ; et la totalité de la succession, si le défunt laisse des ascendants autres que père et mère.

Qu'entend-on par frères germains, frères consanguins et frères utérins?

Les frères sont germains, s'ils ont les mêmes père et mère ; ils sont consanguins, s'ils ont le même père et des mères différentes; ils sont utérins, s'ils ont la même mère et des pères différents.

Comment se partage la succession du défunt qui laisse des frères germains, des frères consanguins et des frères utérins?

La succession se divisant, en ligne collatérale comme en ligne ascendante, en deux parts égales, les frères germains concourent avec les frères consanguins dans la moitié revenant à la branche paternelle, et avec les frères utérins dans la moitié revenant à la branche maternelle.

A qui revient la succession du défunt qui ne laisse ni descendants, ni ascendants, ni frères, sœurs ou descendants d'eux?

La succession du défunt qui ne laisse ni descendants, ni ascendants, ni frères, sœurs ou descendants d'eux, revient pour moitié aux plus proches collatéraux de la ligne paternelle, admis à succéder jusqu'au douzième degré de parenté, et, pour l'autre moitié, aux plus proches collatéraux de la ligne maternelle.

N'y a-t-il pas des cas où le parent d'une seule ligne recueille toute la succession?

Oui, le parent d'une seule ligne recueille toute la succession dans les deux cas suivants : 1° si le défunt laisse un frère consanguin ou utérin, celui-ci exclut tous les collatéraux de l'autre ligne et recueille ainsi la succession entière ; 2° le plus proche parent dans une ligne recueille toute la succession, s'il n'existe pas dans l'autre ligne de parent au degré successible, c'est-à-dire du douzième degré.

§ 3. — Des successions déférées aux enfants naturels,
au conjoint survivant et à l'État.

Les enfants naturels légalement reconnus jouissent-ils de droits héréditaires?

Oui, les enfants naturels reconnus jouissent de droits héréditaires, mais ces droits sont très-faibles.

Quels sont les droits des enfants adultérins ou incestueux dans la succession de leurs père et mère?

4

Les droits des enfants incestueux ou adultérins, dans la succession de leurs père et mère, sont limités à ce qui est nécessaire à leurs aliments.

A qui les enfants naturels simples peuvent-ils succéder?

Les enfants naturels simples ne peuvent succéder qu'au père et à la mère qui les ont reconnus.

Quels sont les droits de l'enfant naturel simple dans la succession de son père ou de sa mère?

Les droits de l'enfant naturel simple dans la succession de son père ou de sa mère varient selon la qualité des héritiers du défunt avec lesquels il concourt. 1° S'il concourt avec des enfants légitimes, il prend le tiers de ce qu'il aurait s'il était lui-même enfant légitime; 2° s'il concourt avec des ascendants ou avec des frères, sœurs ou descendants d'eux, il prend la moitié de la succession; 3° s'il concourt avec des collatéraux ordinaires, il prend les trois quarts de la succession; 4° enfin, s'il n'y a pas de parents au degré successible, il prend la succession entière.

Les père et mère peuvent-ils accorder à leurs enfants naturels reconnus des droits plus grands que ceux qui sont fixés par la loi?

Non, le père ou la mère ne peut pas accorder à ses enfants naturels plus que la loi ne leur donne; il ne lui est pas permis de franchir la limite fixée.

A qui revient la succession de l'enfant naturel qui meurt sans enfants?

La succession de l'enfant naturel qui meurt sans enfants revient à ses père et mère qui l'ont reconnu, ou, à défaut, à ses frères naturels.

A qui appartient la succession du défunt qui ne laisse ni parent au degré successible ni enfant naturel?

La succession du défunt qui ne laisse ni parent ni enfant naturel, appartient au conjoint survivant, ou, à défaut, à l'État. Le conjoint survivant et l'État sont, comme l'enfant naturel, des héritiers irréguliers, et ils ont besoin, comme lui, de se faire envoyer en possession des biens du défunt par le tribunal,

§ 4. — De l'acceptation et de la répudiation des successions.

Quels sont les divers partis que peut prendre l'héritier?

L'héritier peut choisir entre ces trois partis : accepter la succession purement et simplement; renoncer à la succession, ou l'accepter sous bénéfice d'inventaire.

I. ACCEPTATION PURE ET SIMPLE. — *Qu'est-ce que l'acceptation pure et simple d'une succession?*

L'acceptation pure et simple d'une succession est l'acte par lequel l'héritier manifeste sa volonté de continuer la personne du défunt, et d'acquérir par là tous ses droits actifs et passifs.

La femme mariée peut-elle accepter la succession qui lui est échue?

Oui, la femme mariée peut accepter une succession, pourvu qu'elle soit autorisée de son mari ou de justice.

Par qui est acceptée la succession échue au mineur ou à l'interdit?

La succession échue au mineur ou à l'interdit est acceptée par son tuteur, autorisé à cet effet par le conseil de famille; mais l'acceptation n'a jamais lieu que sous bénéfice d'inventaire.

Comment l'héritier accepte-t-il purement et simplement la succession?

L'héritier accepte purement et simplement la succession d'une manière expresse ou d'une manière tacite : l'acceptation est *expresse* quand celui qui est appelé par la loi à la succession prend la qualité d'héritier dans un écrit public ou privé ; elle est *tacite* quand il fait un acte manifestant sa volonté d'accepter, par exemple s'il vend à l'amiable des biens de la succession ; mais les actes de simple administration ne font pas supposer l'acceptation de l'hérédité.

Si l'héritier meurt sans avoir pris parti relativement à la succession qui lui est échue, transmet-il son droit à ses héritiers?

Oui, dès que la succession est ouverte au profit d'une personne, celle-ci a un droit acquis qui est transmissible ; ses héritiers peuvent donc accepter la succession échue à leur auteur, ou y renoncer.

L'héritier peut-il revenir sur son acceptation de l'hérédité?

Non, l'acceptation de l'héritier le rend irrévocablement le continuateur de la personne du défunt. Il pourrait cependant faire prononcer la nullité de son acceptation si elle avait eu lieu par suite de dol ou de violence pratiqués envers lui.

II. RENONCIATION. — *Qu'est-ce que la renonciation à une succession?*

La renonciation à une succession est l'acte par lequel l'héritier répudie l'hérédité, pour n'être pas tenu des dettes lourdes qui la grèvent.

Comment l'héritier renonce-t-il à la succession qui lui est échue?

L'héritier renonce à la succession en déclarant expressément au greffe du tribunal du domicile du défunt sa volonté de répudier. Sa déclaration, qui est faite avec l'assistance d'un avoué, est inscrite sur un registre spécial tenu au greffe.

Que devient la part de l'héritier renonçant?

La part de l'héritier renonçant accroît à ses cohéritiers de la même branche; s'il n'y a en pas, elle est dévolue aux parents des degrés suivants.

Dans quel délai l'héritier peut-il renoncer?

L'héritier peut renoncer dans les trente ans qui suivent l'époque de l'ouverture de la succession.

L'héritier qui a renoncé peut-il revenir contre sa renonciation, et accepter la succession purement et simplement, ou sous bénéfice d'inventaire?

Oui, l'héritier peut revenir contre sa renonciation, pourvu cependant que la succession n'ait pas été acceptée par ses cohéritiers ou par des parents des degrés suivants, et que le délai de trente ans depuis l'ouverture de la succession ne soit pas encore écoulé.

Quelles conséquences produit l'acte par lequel l'héritier dérobe ou recèle des biens meubles, immeubles, droits ou créances de la succession?

L'acte par lequel l'héritier dérobe ou recèle des biens de la succession produit deux conséquences : 1° l'héritier se trouve par là déchu de la faculté de renoncer et devient héritier pur et simple; 2° cet héritier est privé de sa part dans les effets dérobés ou recélés, qui deviennent la propriété exclusive des autres cohéritiers.

III. ACCEPTATION SOUS BÉNÉFICE D'INVENTAIRE. — *Qu'est-ce que l'acceptation sous bénéfice d'inventaire?*

L'acceptation sous bénéfice d'inventaire est l'acte par lequel l'héritier sépare de son patrimoine le patrimoine du défunt, dans le but de n'être pas exposé à payer des dettes surpassant la valeur des biens de la succession, et de garder cependant le bénéfice, c'est-à-dire les valeurs héréditaires qui pourraient excéder le montant des dettes.

Comment se fait l'acceptation bénéficiaire?

De même que la renonciation, l'acceptation bénéficiaire se fait expressément par l'héritier au greffe du tribunal de première instance du domicile du défunt, et elle est inscrite sur un registre spécialement destiné aux renonciations et aux acceptations bénéficiaires.

L'acceptation bénéficiaire n'est-elle pas soumise à une formalité particulière?

Oui, il faut que l'héritier qui accepte sous bénéfice d'inventaire fasse procéder par un notaire à l'inventaire fidèle et exact des biens de la succession. Cet inventaire, qui éclaire l'héritier sur le parti qu'il doit prendre, précède ordinairement sa déclaration au greffe du tribunal.

Dans quel délai l'héritier doit-il faire inventaire?

L'héritier doit faire inventaire dans les trois mois de l'ouverture de la succession.

L'héritier n'a-t-il pas un délai pour délibérer sur le parti qu'il prendra?

Oui, l'héritier a pour délibérer le délai de quarante jours à partir du jour où l'inventaire est fait, ou, si l'inventaire n'a pas été fait, de l'expiration des trois mois accordés pour sa confection.

Après l'expiration du double délai de trois mois et de quarante jours, l'héritier peut-il encore faire inventaire et accepter bénéficiairement?

Oui, après l'expiration des délais pour faire inventaire et délibérer, l'héritier peut encore faire inventaire et accepter bénéficiairement, mais il n'est plus dans une position aussi favorable à l'égard des créanciers du défunt qui dirigent des poursuites contre lui.

Les créanciers du défunt peuvent-ils poursuivre l'héritier pendant les délais qui lui sont accordés pour faire inventaire et délibérer?

Oui, les créanciers peuvent poursuivre l'héritier pendant les délais pour faire inventaire et délibérer; ils peuvent avoir intérêt à intenter promptement des poursuites judiciaires, car ils font par là courir les intérêts de leurs créances et interrompent les prescriptions.

Si l'héritier poursuivi par les créanciers héréditaires renonce à la succession dans les délais qui lui sont accordés par la loi et qui sont quelquefois augmentés par le tribunal, par qui sont supportés les frais de poursuites?

Les frais des poursuites intentées contre l'héritier pendant les délais qui lui sont accordés sont, lorsqu'il renonce, mis à la charge de la succession.

Les frais de poursuites sont-ils aussi à la charge de la succession, quand l'héritier ne renonce qu'après l'expiration des délais pour faire inventaire et délibérer?

Non, l'héritier qui ne renonce à la succession qu'après l'expiration des délais pour faire inventaire et délibérer, supporte personnellement les frais de poursuites qui ont précédé sa renonciation.

De quelles obligations est tenu l'héritier bénéficiaire?

L'héritier bénéficiaire est tenu de gérer la succession et de faire vendre les biens qui la composent pour payer les dettes héréditaires.

Comment l'héritier bénéficiaire fait-il vendre les biens de la succession?

L'héritier bénéficiaire demande au tribunal l'autorisation de procéder à la vente, qui se fait ensuite par le ministère d'un officier public, aux enchères, après publications et affiches.

Si l'héritier bénéficiaire vend des biens hérédi- taires sans remplir les formalités qui lui sont im- posées, la vente est-elle nulle?

Non, l'héritier bénéficiaire qui dispose des biens héréditaires sans remplir les formalités qui lui sont imposées ne fait pas des actes nuls; mais il est par là déchu du bénéfice d'inventaire, et il devient hé- ritier pur et simple.

Comment l'héritier bénéficiaire paye-t-il les créan- ciers et les légataires?

L'héritier bénéficiaire paye, avec les sommes lais- sées par le défunt et avec le prix des biens vendus, les créanciers et les légataires au fur et à mesure qu'ils se présentent.

Le créancier qui se présente quand il ne reste plus de sommes à distribuer, a-t-il quelque recours?

Le créancier qui se présente tardivement n'a de recours ni contre l'héritier bénéficiaire ni contre les créanciers, même entièrement payés; mais il peut agir pendant trois ans contre les légataires, qui ne doivent pas, à son détriment, s'enrichir des libéralités faites par un défunt insolvable.

Si l'héritier bénéficiaire était débiteur du défunt, est-il tenu de payer sa dette?

Oui, l'héritier bénéficiaire est tenu de payer sa dette à la succession, car il se trouve dans la même position que tout autre débiteur héréditaire; réci- proquement, s'il était créancier du défunt, il a droit aussi à son payement.

L'héritier bénéficiaire est-il comptable de sa ges- tion?

Oui, l'héritier bénéficiaire est comptable de sa

gestion, car l'obligation de rendre compte est imposée à tout administrateur de la chose d'autrui ; mais, comme il ne reçoit pas de salaire, il n'est tenu que de ses fautes graves. S'il refusait de rendre compte aux créanciers et légataires, il perdrait la qualité d'héritier bénéficiaire et deviendrait héritier pur et simple.

L'héritier bénéficiaire peut-il abandonner l'administration des biens de la succession?

Oui, l'héritier bénéficiaire peut abandonner l'administration, en avertissant les créanciers, afin qu'ils fassent nommer par le tribunal un autre administrateur. Par cet abandon de la gestion, il ne cesse pas d'être héritier : il conserve le bénéfice qui pourrait exister après le payement des créanciers et légataires.

IV. SUCCESSION VACANTE.— *Quand une succession est-elle vacante?*

Une succession est vacante lorsque, après l'expiration des délais pour faire inventaire et délibérer, il n'existe pas d'héritier connu qui soit saisi, ou lorsque l'héritier saisi a renoncé et que la succession n'est pas acceptée par des parents des degrés suivants.

Comment les créanciers d'une succession vacante peuvent-ils parvenir à l'exécution de leurs droits?

Les créanciers d'une succession vacante peuvent parvenir à l'exécution de leurs droits en faisant nommer par le tribunal un curateur à la succession vacante.

Quelles sont les obligations du curateur à la succession vacante?

Les obligations du curateur à la succession vacante sont de représenter la succession dans toutes les actions actives ou passives, de gérer les biens héréditaires, de les faire vendre pour payer les créanciers, et de rendre compte de sa gestion.

Le curateur à la succession vacante est-il salarié?

Oui, le curateur à la succession vacante est salarié; c'est pourquoi il répond de ses fautes légères.

Le curateur à la succession vacante paye-t-il lui-même les créanciers héréditaires?

Non, le curateur à la succession vacante ne fait aucun payement; il doit verser les sommes qu'il reçoit à la Caisse des dépôts et consignations, et c'est le tribunal qui règle l'ordre des payements entre les créanciers.

§ 5. — Du partage, du rapport et du payement des dettes.

I. PARTAGE. — *Qu'est-ce que le partage?*

Le partage est un acte qui a pour objet de faire cesser l'indivision entre les cohéritiers.

Quelles choses sont dans l'indivision?

Les choses dans l'indivision sont les choses corporelles, comme un fonds de terre, une maison, un cheval.

Les choses incorporelles, c'est-à-dire les créances et les dettes de la succession, ne sont-elles pas dans l'indivision?

Non, les choses incorporelles ne sont pas dans l'indivision : elles se divisent de plein droit entre les héritiers, dans la proportion de leur parts héréditaires.

Chaque héritier peut-il toujours provoquer le partage de la succession?

Oui, chaque héritier peut toujours provoquer le partage de la succession. La loi veut que personne ne soit contraint à rester dans l'indivision, parce qu'une pareille contrainte deviendrait souvent le germe de discordes.

Les héritiers peuvent-ils convenir de rester dans l'indivision?

Oui, les héritiers peuvent convenir qu'ils resteront dans l'indivision ; mais une pareille convention n'est valable que pendant cinq ans.

Peut-on vendre ses droits dans une succession?

La loi frappe de nullité toute vente ou autre convention ayant pour objet une succession non encore ouverte. Mais elle ne défend point à un héritier de vendre sa part d'une succession qui lui est échue. Toutefois, quand une pareille vente est faite à un individu qui n'a pas le droit de figurer au partage en son nom, les autres cohéritiers peuvent écarter cet étranger en exerçant le retrait successoral, qui consiste à rembourser à l'acheteur le prix et les frais qu'il a déboursés.

Combien y a-t-il de sortes de partage?

Il y a deux sortes de partage : le partage amiable et le partage judiciaire.

Qu'est-ce que le partage amiable?

Le partage amiable est celui qui se fait volontairement entre les héritiers majeurs et capables.

Le partage amiable est-il soumis à des formes nécessaires?

Non, le partage amiable existe par la simple convention des parties ; un écrit sous seing privé suffit pour en prouver l'existence.

Qu'est-ce que le partage judiciaire?

Le partage judiciaire est celui qui se fait devant le tribunal de première instance.

Quand y a-t-il lieu au partage judiciaire?

Il y a lieu au partage judiciaire lorsque l'un des

héritiers refuse de consentir au partage amiable, ou qu'il existe parmi les héritiers un mineur, un interdit ou un absent.

Quelles formalités précèdent ordinairement le partage judiciaire?

Les formalités qui précèdent le partage judiciaire sont l'apposition des scellés et l'inventaire.

Par qui les scellés sont-ils mis?

Les scellés sont mis par le juge de paix, assisté de son greffier.

Quand y a-t-il lieu à la mise des scellés?

Il y a lieu à la mise des scellés lorsqu'il existe parmi les héritiers un mineur, un interdit ou un non-présent, ou lorsque l'un des héritiers ou des créanciers le requiert.

Dans quel but met-on les scellés?

On met les scellés pour empêcher la soustraction des valeurs héréditaires.

Comment le juge de paix met-il les scellés?

Le juge de paix met les scellés en plaçant, au domicile du défunt, sur les portes, les fenêtres, les armoires et les caisses, des bandes de papier fixées aux deux extrémités par un sceau particulier.

Quelle peine encourt celui qui brise volontairement les scellés?

Celui qui brise volontairement les scellés encourt la peine de l'emprisonnement; mais la peine serait plus grave en cas de vol.

Qu'est-ce que l'inventaire?

L'inventaire est l'état descriptif des meubles de la succession, avec leur estimation à juste prix.

Par qui est fait l'inventaire?

L'inventaire est fait par un notaire, en présence

tant du juge de paix, qui lève les scellés, que des parties intéressées.

Où est portée la demande en partage judiciaire?

La demande en partage judiciaire est portée devant le tribunal de première instance du domicile du défunt.

Toutes les opérations du partage judiciaire ont-elles lieu directement devant le tribunal?

Non, le jugement qui ordonne le partage nomme des experts pour estimer les immeubles, un notaire pour faire les comptes entre les héritiers et dresser l'acte de partage, et un juge-commissaire pour surveiller et accélérer les opérations.

Chaque héritier peut-il exiger sa part en nature des meubles et des immeubles de la succession?

Oui, chaque héritier peut exiger sa part en nature des biens de la succession. Toutefois, les meubles saisis doivent être vendus pour payer les créanciers saisissants, et les immeubles qui ne peuvent pas entrer dans la composition des lots doivent être vendus aux enchères publiques.

En combien de lots sont divisés les biens de la succession?

Les biens de la succession sont divisés en autant de lots égaux qu'il y a d'héritiers ou de souches.

Suffit-il qu'il y ait dans les lots une égalité en valeurs?

Non; il faut qu'il y ait dans les lots, non-seulement une égalité en valeurs, mais encore une égalité en nature : chaque lot doit donc avoir autant de meubles, d'immeubles et de droits de même nature; mais il faut cependant éviter la division des exploitations et le morcellement des héritages.

Comment se fait le tirage des lots?

Le tirage des lots se fait au sort, en présence des

héritiers et du notaire, qui constate ensuite par écrit les résultats obtenus.

Le partage judiciaire a-t-il la même force à l'égard des mineurs, des interdits et des absents qu'à l'égard des héritiers capables?

Oui, le partage judiciaire produit à l'égard des incapables des effets aussi fermes qu'à l'égard des capables, lorsque toutes les formalités requises ont été observées.

Le partage judiciaire entraîne-t-il bien des frais?

Oui, le partage judiciaire entraîne bien des frais, qui absorbent souvent la valeur des petites successions.

Quel moyen peut-on employer pour empêcher les frais du partage judiciaire?

Pour empêcher les frais du partage judiciaire, les héritiers capables et les représentants des incapables peuvent faire un partage provisionnel, qui n'est valable que pour la jouissance; le partage définitif sera fait à l'amiable quand les mineurs auront atteint leur majorité.

Le partage définitif, c'est-à-dire faisant cesser l'indivision entre les héritiers, est-il translatif de la propriété?

Non, le partage n'est pas translatif, mais déclaratif de la propriété : chaque héritier est censé avoir succédé seul et immédiatement à tous les effets compris dans son lot ou à lui échus sur licitation, et n'avoir jamais eu aucun droit sur les effets compris dans les lots de ses cohéritiers.

Pourquoi la loi introduit-elle la fiction que le partage est déclaratif de la propriété?

La loi introduit la fiction que le partage est déclaratif de la propriété, pour mettre chaque héritier à l'abri des actions hypothécaires ou en revendication qui pourraient résulter d'actes consentis par ses cohéritiers depuis l'ouverture de la succession jusqu'au partage. Par suite de cette fiction, si un héritier hypothèque ou vend un bien de la succession qui ne tombe pas ensuite dans son lot, il a fait par là un acte relatif à une chose sur laquelle il n'a jamais eu aucun droit et, par conséquent, un acte absolument nul.

Le principe que le partage est déclaratif de la propriété a-t-il pour effet d'affranchir les cohéritiers de l'obligation de garantie?

Non, les cohéritiers restent garants, les uns envers les autres, des troubles et évictions qui procèdent d'une cause antérieure au partage, comme s'ils s'étaient réciproquement transmis à titre d'échange les biens compris dans leurs lots.

Le partage amiable ou judiciaire peut-il être quelquefois rescindé, c'est-à-dire annulé?

Oui, tout partage peut être rescindé pour cause de violence ou de dol, ou lorsque l'un des héritiers est lésé de plus du quart de sa part héréditaire.

Si l'un des héritiers vend à son cohéritier ses droits successifs, peut-il demander la nullité de la vente quand il est lésé de plus du quart?

Non, l'héritier lésé de plus du quart dans la vente qu'il a faite de ses droits successifs à son cohéritier, ne peut pas en demander la nullité, car cette vente, qui comprend les créances et les dettes, n'est pas un partage, mais un contrat très-distinct et aléatoire.

II. Rapport. — *Qu'est-ce que le rapport?*

Le rapport est l'acte par lequel un héritier, même bénéficiaire, remet à la succession les libéralités qu'il a reçues du défunt par actes entre-vifs ou testamentaires.

Sur quoi repose l'obligation du rapport?

L'obligation du rapport repose sur le principe de l'égalité entre les cohéritiers.

L'héritier est-il tenu de rapporter toutes les libéralités qu'il a reçues du défunt?

Non, l'héritier ne rapporte pas à la succession toutes les libéralités qu'il a reçues du défunt. Il doit, à la vérité, rapporter ce qu'il a reçu pour un établissement par mariage ou autrement, pour le payement de ses dettes, et même pour l'exonération du service militaire, à moins que cette exonération n'ait eu lieu pour le conserver à la famille comme un membre utile et un bon travailleur. Mais il n'est pas tenu de rapporter les frais de nourriture, d'éducation, d'entretien, d'apprentissage, de noces et les présents d'usage.

L'héritier peut-il s'affranchir de l'obligation du rapport?

Oui, l'obligation du rapport n'est imposée qu'à l'héritier acceptant; l'héritier peut donc s'affranchir de cette obligation en renonçant à la succession.

Le donateur ou le testateur peut-il dispenser l'héritier du rapport?

Oui, le donateur ou le testateur peut dispenser son héritier du rapport, en manifestant à cet égard sa volonté d'une manière expresse ou tacite.

Dans quels cas la dispense de rapport est-elle expresse?

La dispense de rapport est expresse quand l'auteur de la libéralité dit qu'il donne ou qu'il lègue, *avec dispense de rapport*, ou *hors part*, ou *par préciput*, ou bien quand il emploie d'autres expressions équivalentes.

Dans quels cas la dispense de rapport est-elle tacite?

La dispense de rapport est tacite quand le dona-

...teur ou le testateur fait la libéralité au fils ou au conjoint de son héritier, ou quand le donateur, qui n'a d'ailleurs aucune intention de frauder des héritiers réservataires, fait à l'un de ses héritiers une libéralité sous la forme d'une vente portant que le prix a été payé comptant.

Q. *De combien de manières peut se faire le rapport?*

R. Le rapport peut se faire en nature ou en moins prenant.

Q. *Comment l'héritier fait-il le rapport en nature?*

R. L'héritier fait le rapport en nature s'il remet à la succession les choses elles-mêmes qu'il a reçues du défunt.

Q. *Comment l'héritier fait-il le rapport en moins prenant?*

R. Dans le rapport en moins prenant, l'héritier garde les objets reçus ; mais, pour rétablir l'égalité des parts, il laisse prélever à chacun de ses cohéritiers une valeur égale à celle qu'il retient.

Q. *Quand le rapport se fait-il en nature?*

R. Le rapport se fait en nature lorsque les choses données sont des immeubles non aliénés par le donataire : ces immeubles rentrent dans la succession entièrement libres des hypothèques, servitudes et autres charges constituées par le donataire.

Q. *Quand le rapport se fait-il en moins prenant?*

R. Le rapport se fait en moins prenant lorsqu'il s'agit d'immeubles aliénés par le donataire, ou lorsque les choses rapportables consistent en meubles ou en argent.

III. Payement des dettes de la succession. — *Pour quelle part chaque héritier peut-il être poursuivi en payement des dettes de la succession?*

R. Comme les choses incorporelles se divisent de plein droit, chaque héritier peut être poursuivi en payement des dettes de la succession proportionnellement à sa part héréditaire. De là, celui qui est héritier pour un quart, peut être actionné par chaque créancier en payement du quart de la dette ; et, de son côté, l'héritier peut réclamer le quart de la créance à chaque débiteur héréditaire.

Le principe que les dettes se divisent de plein droit entre les héritiers, n'a-t-il pas une remarquable conséquence ?

Oui, le principe que les dettes se divisent de plein droit a pour conséquence de faire supporter l'insolvabilité de l'un des héritiers, non pas par les autres héritiers, mais par le créancier.

Les héritiers peuvent-ils valablement convenir que l'un d'eux payera entièrement une certaine dette de la succession ?

Oui, la convention que l'un des héritiers payera entièrement une certaine dette de la succession est valable entre les héritiers ; mais elle ne nuit point au créancier qui peut néanmoins poursuivre chacun des héritiers pour sa part.

Le créancier ne peut-il pas quelquefois poursuivre l'un des héritiers en payement de toute la dette de la succession ?

Oui, le créancier qui a une hypothèque sur un immeuble de la succession, peut poursuivre en payement de toute la dette l'héritier qui est détenteur de l'immeuble hypothéqué.

Si un immeuble héréditaire est hypothéqué pour sûreté d'une rente, l'héritier dans le lot duquel tombera cet immeuble ne sera-t-il pas exposé à de graves inconvénients qu'il importe d'éviter ?

Oui, l'héritier dans le lot duquel tombera l'immeuble hypothéqué pour sûreté d'une rente sera exposé au grave inconvénient d'être poursuivi, à chaque terme, en payement de tous les arrérages échus, et d'exercer, contre ses cohéritiers ou leurs successeurs, une infinité de recours en garantie. Pour remédier à de pareils inconvénients, les héritiers peuvent, avant le partage de la succession, racheter la rente, et éteindre par là l'hypothèque. Si la rente est viagère, et par conséquent non rachetable, les héritiers déduisent du prix de l'immeuble hypothéqué la valeur de la rente, et conviennent que celui d'entre eux dans le lot duquel l'immeuble tombera devra seul payer tous les arrérages de la rente.

TITRE II. — DES DONATIONS ENTRE-VIFS ET DES TESTAMENTS.

§ 1er. — Dispositions préliminaires.

Combien y a-t-il de manières de disposer de ses biens à titre gratuit?

Il y a deux manières de disposer de ses biens à titre gratuit : la donation entre-vifs et le testament.

Qu'est-ce que la donation entre-vifs?

La donation entre-vifs est l'acte par lequel le donateur se dépouille actuellement et irrévocablement de la chose donnée au profit du donataire qui accepte.

Celui qui s'engage à donner une somme ou toute autre chose de quantité, se dépouille-t-il actuellement?

Oui, celui qui s'engage à donner une somme se dépouille actuellement, parce qu'il devient aussitôt débiteur de la somme promise.

Celui qui donne à terme ou sous condition, se dépouille-t-il actuellement et irrévocablement?

Oui, celui qui donne à terme ou sous condition se dépouille actuellement et irrévocablement; mais il ne peut être contraint à l'exécution qu'à l'échéance du terme ou à l'événement de la condition.

Qu'est-ce que le testament?

Le testament est l'acte par lequel le testateur dispose, pour le temps où il n'existera plus, de tout ou partie de ses biens, et qu'il peut révoquer.

A quelle époque naît le droit du légataire à la chose léguée?

Le droit du légataire à la chose léguée naît au décès du testateur.

I. SUBSTITUTIONS. — *Qu'est-ce que la substitution?*

La substitution est une donation entre-vifs ou testamentaire, faite sous la condition que le donataire conservera les biens donnés pour les rendre, ordinairement lors de son décès, à d'autres personnes.

Comment désigne-t-on le donataire chargé de rendre les biens donnés, et ceux auxquels ces biens doivent être restitués?

On désigne le donataire chargé de rendre les biens donnés sous le nom de *grevé;* tandis que l'on nomme *appelés* ceux auxquels la restitution des biens doit être faite.

Les substitutions sont-elles permises?

Non, les substitutions sont généralement prohibées. Elles étaient autrefois permises; mais elles avaient le double inconvénient de rompre le principe de l'égalité entre les membres de la famille, et d'enlever à la libre circulation une masse de biens; c'est pourquoi le Code Napoléon les déclare nulles, tant à l'égard du grevé qu'à l'égard des appelés.

La règle que les substitutions sont prohibées souffre-t-elle des exceptions?

Oui, la règle que les substitutions sont prohibées souffre les deux exceptions suivantes : 1° le père ou la mère peut donner les biens dont il a la faculté de disposer à l'un de ses enfants, en le chargeant de

les restituer à tous ses enfants nés et à naître ;
2° celui qui n'a pas d'enfants peut donner ses biens
à son frère ou à sa sœur, en le chargeant de les restituer à tous ses enfants nés et à naître.

*Dans les substitutions permises, le grevé n'a-t-il
pas plusieurs obligations à remplir?*

Oui, le grevé de substitution est tenu de cinq
obligations. Il doit : 1° faire nommer dans le mois,
sous peine d'être déchu de son droit, un tuteur à
la substitution ; 2° faire inventaire dans les trois
mois ; 3° vendre les meubles ; 4° faire emploi des
sommes en immeubles ; 5° enfin, révéler par la
transcription au bureau des hypothèques la charge
de restituer les immeubles.

II. CONDITIONS IMPOSSIBLES. — *La donation entre-
vifs ou testamentaire dans laquelle est insérée une
condition impossible, contraire aux lois ou aux
mœurs, est-elle néanmoins valable?*

Oui, la donation est valable, car la condition
impossible, contraire aux lois ou aux bonnes mœurs,
est considérée comme non écrite. Il est probable,
en effet, que le donateur ne subordonnait pas l'existence de sa libéralité à la validité de la condition.
Mais si une pareille condition était insérée dans un
contrat à titre onéreux, la condition serait non-
seulement nulle, mais encore elle rendrait nulle
toute la convention.

III. CAPACITÉ DE DISPOSER ET DE RECEVOIR. —
*Toutes personnes peuvent-elles disposer et recevoir
par donations entre-vifs et par testament?*

Oui, toutes personnes, même les étrangers, peuvent disposer et recevoir par donations entre-vifs
et par testament.

*La règle que toutes personnes peuvent disposer ou
recevoir à titre gratuit, reçoit-elle des exceptions?*

Oui, cette règle reçoit les exceptions suivantes :

1° l'interdit ne peut faire aucune libéralité ; 2° la femme mariée, qui peut disposer librement de ses biens par testament, a besoin d'être autorisée de son mari ou de justice pour faire ou accepter des donations entre-vifs ; 3° le mineur ne peut jamais faire de donations entre-vifs que par contrat de mariage ; mais, quand il a plus de seize ans, il dispose valablement par testament de la moitié des biens dont il pourrait disposer s'il était majeur ; il ne peut cependant rien laisser à son tuteur non ascendant ; 4° le ministre du culte, le médecin ou autre qui a traité une personne dans la maladie dont elle meurt, ne peuvent pas profiter des libéralités qui leur sont faites, même au moyen de personnes interposées, dans le cours de la maladie, à moins qu'il ne s'agisse de simples dons rémunératoires.

IV. QUOTITÉ DISPONIBLE, RÉDUCTION. — *Toute personne peut-elle disposer de l'universalité de ses biens à titre gratuit ?*

Non, toute personne ne peut pas disposer de l'universalité de ses biens à titre gratuit ; il existe une restriction à la faculté de disposer en faveur des descendants et en faveur des ascendants. Par suite de cette restriction, les biens d'une personne ayant des descendants ou des ascendants, se divisent en deux parts, dont l'une constitue la *quotité disponible*, et l'autre la *quotité réservée*.

Quelle est la quotité disponible quand il existe des enfants ?

La quotité disponible est de moitié, s'il n'y a qu'un enfant ; du tiers, s'il y a deux enfants ; du quart, s'il y a trois enfants ou un plus grand nombre. Les petits-fils ne comptent ensemble, dans la succession de leur aïeul, que pour l'enfant qu'ils représentent.

Quelle est la quotité disponible, quand il existe seulement des ascendants?

La quotité disponible est de moitié s'il y a des ascendants dans les deux lignes paternelle et maternelle ; elle est des trois quarts, s'il n'y a d'ascendants que dans l'une des lignes.

Celui qui ne laisse ni descendants ni ascendants peut-il toujours disposer de tous ses biens à titre gratuit?

Oui, celui qui ne laisse ni descendants ni ascendants peut disposer de tous ses biens à titre gratuit, car la loi n'établit aucune réserve en faveur des parents collatéraux, même frères ou sœurs.

A quelle époque faut-il s'en référer pour savoir si une personne a excédé en libéralités la quotité disponible?

Pour savoir si une personne a excédé en libéralités la quotité disponible, il faut s'en référer au décès de cette personne : c'est alors que l'on connaît, d'une part, la masse de ses biens, et, d'autre part, le nombre et la qualité de ses héritiers réservataires.

Quand un père vend à l'un de ses enfants une partie de ses biens en s'en réservant l'usufruit, ou moyennant une rente viagère, ne suppose-t-on pas que cette vente sert à déguiser une donation?

Oui, la vente faite par un père à son fils avec réserve d'usufruit, ou moyennant une rente viagère, est considérée comme une donation. Une pareille donation est dispensée du rapport ; mais elle est réductible, si elle entame la quotité réservée.

Si le défunt a laissé à une personne une rente viagère ou un usufruit portant sur des biens dont la valeur dépasse la quotité disponible, peut-on, du vivant de cette personne, connaître d'une manière certaine si la quotité disponible a été dépassée?

Non, il n'est pas possible de fixer exactement la valeur du legs d'usufruit ou de rente viagère ; c'est pourquoi l'héritier réservataire a le choix d'exécuter la disposition, ou d'abandonner la quotité disponible.

Comment opère-t-on pour savoir si les libéralités dépassent la quotité disponible?

Pour savoir si les libéralités dépassent la quotité disponible, on forme une masse de tous les biens donnés et laissés par le défunt ; on estime les biens à leur valeur au moment du décès ; on déduit les dettes du prix d'estimation ; puis on détermine, eu égard à la qualité et au nombre des héritiers réservataires, de quelle valeur le défunt a pu disposer à titre gratuit.

Lorsque la quotité disponible a été dépassée, comment se fait la réduction?

Lorsque la quotité disponible a été dépassée, on réduit d'abord les legs, proportionnellement à la valeur de chacun d'eux. Si la réduction entière des legs ne suffit pas pour compléter la réserve, il y a lieu à réduire les donations, en commençant par la dernière et en remontant aux plus anciennes.

§ 2. — Des donations entre-vifs.

Combien y a-t-il de sortes de donations entre-vifs?

Il y a deux sortes de donations entre-vifs : la donation manuelle, qui ne peut avoir pour objet que des meubles corporels ou des valeurs au porteur, et la donation par écrit, qui peut comprendre aussi bien des immeubles que des meubles.

La donation manuelle et la donation par écrit sont-elles soumises à des formes déterminées?

La donation manuelle est affranchie de toute forme ; elle est parfaite par la simple remise que le donateur fait de sa chose mobilière au donataire. Mais la donation par écrit est soumise à la nécessité de certaines formes.

Pourquoi les actes portant donation sont-ils assujettis à des formes?

Les actes portant donation dépouillent actuellement et irrévocablement de valeurs souvent importantes le donateur qui ne reçoit aucun équivalent; il faut au moins que, par l'accomplissement de certaines formes, de pareils actes apparaissent comme étant l'œuvre d'une volonté sérieuse et bien arrêtée.

Quelle forme est prescrite pour la validité de l'acte portant donation?

Pour la validité de l'acte portant donation, il faut que cet acte soit dressé en minute par un notaire, en présence de témoins; il faut, en outre, que le donataire, ou son représentant, comme le tuteur d'un mineur, l'administrateur de l'hospice ou de la commune, accepte en termes exprès la libéralité, soit dans l'acte de donation, soit dans un acte fait postérieurement et rédigé aussi en minute par un notaire.

A quelle époque la donation acceptée par acte séparé produit-elle son effet?

La donation produit son effet à l'époque où l'acceptation par acte séparé est notifiée au donateur.

N'y a-t-il pas des règles distinctes pour les donations de meubles et pour celles d'immeubles?

Oui, la donation de meubles n'est valable que si les meubles sont estimés, soit dans l'acte de donation, soit dans un écrit signé du donateur et du donataire, et annexé à l'acte de donation. Tandis que la donation d'immeubles est valable entre le donateur et le donataire sans qu'il y ait d'estimation; mais elle ne produit d'effet à l'égard des tiers que du jour où l'acte de donation a été transcrit au bureau des hypothèques de la situation des immeubles.

La donation peut-elle comprendre des biens à venir?

Non, la donation ne peut pas comprendre des biens à venir, car, à l'égard de ces biens, le dépouillement actuel est impossible.

Le donateur peut-il stipuler qu'il disposera des biens compris dans la donation, ou que les dettes qu'il fera seront payées par le donataire?

Non, une pareille stipulation rend nulle la donation. S'il dépendait du donateur d'anéantir sa libéralité, la donation n'aurait plus le caractère d'irrévocabilité, qui lui est essentiel.

Le donateur peut-il convenir que les biens qui sont l'objet de sa libéralité lui reviendront en cas de prédécès du donataire ou de ses enfants?

Oui, le donateur peut valablement stipuler que les biens donnés lui reviendront en cas de prédécès du donataire ou de ses enfants, car l'événement d'une pareille condition résolutoire ne dépend en rien de sa volonté.

N'existe-t-il pas des exceptions à la règle de l'irrévocabilité des donations?

Oui, les donations sont révocables pour inexécution des charges, pour cause d'ingratitude et pour survenance d'enfant au donateur.

Si le donataire n'exécute pas les charges qui lui ont été imposées, la donation est-elle révoquée de plein droit?

Non, en cas d'inexécution des charges, la révocation de la donation doit être demandée en justice; si elle est prononcée, les biens reviennent au donateur libres de toutes les charges constituées par le donataire.

Dans quels cas le donataire est-il ingrat ?

Le donataire est ingrat : 1° s'il a commis un attentat à la vie du donateur ; 2° s'il a porté une atteinte grave aux biens, au corps ou à l'honneur du donateur ; 3° enfin, s'il a refusé les aliments nécessaires au donateur dans le besoin.

L'ingratitude du donataire révoque-t-elle de plein droit la donation ?

Non, l'ingratitude du donataire ne révoque pas de plein droit la donation ; il faut que le donateur ou ses héritiers intentent, dans l'année du délit, une demande judiciaire en révocation contre le donataire ingrat. Une pareille demande tendant à l'application d'une sorte de peine, elle ne pourrait ni commencer ni même être continuée contre les héritiers du donataire.

La révocation de la donation pour cause d'ingratitude fait-elle évanouir les droits que le donataire a constitués, avant la demande en révocation, sur l'immeuble donné ?

Non, les droits que le donataire a constitués sur l'immeuble avant la demande en révocation sont respectés, parce que les tiers ne pouvaient pas supposer que le donataire avec lequel ils ont traité se rendrait coupable d'ingratitude.

Les donations faites en faveur de mariage sont-elles révocables pour cause d'ingratitude ?

Non, les donations en faveur de mariage ne sont pas révocables pour cause d'ingratitude. D'ailleurs, comme elles sont faites pour aider le donataire à supporter les charges du mariage, elles ne sont pas de pures libéralités.

Dans quel cas la survenance d'enfants au donateur révoque-t-elle la donation ?

La survenance d'enfants au donateur révoque la donation lorsqu'il n'avait pas d'enfants légitimes au moment de la donation. On suppose qu'il n'aurait pas fait de libéralités, même en faveur de mariage, s'il eût alors éprouvé les sentiments de la tendresse paternelle.

La survenance d'enfants révoque-t-elle de plein droit la donation?

Oui, par la survenance d'enfants les choses données reviennent au donateur, libres de toutes charges constituées par le donataire, sans qu'il soit besoin de former une demande judiciaire. La donation ainsi révoquée ne pourrait revivre ni par la mort des enfants, ni par la ratification du donateur.

§ 3. — Des dispositions testamentaires.

Plusieurs personnes peuvent-elles faire ensemble leur testament dans le même acte?

Non, plusieurs personnes ne peuvent pas faire ensemble leur testament dans le même acte; il faut que chacune d'elles fasse son testament par acte séparé.

Toute manifestation de dernière volonté qui contient des libéralités, constitue-t-elle un testament valable?

Non, la manifestation de dernière volonté est soumise à certaines formes sans l'accomplissement desquelles le testament et les dispositions qu'il contient seraient frappés de nullité.

I. FORMES DES TESTAMENTS. — *Combien y a-t-il de formes de testament?*

Il y a trois formes de testament, qui sont : la forme olographe, la forme publique et la forme mystique.

Qu'est-ce que le testament olographe?

Le testament olographe est celui qui est écrit entièrement de la main du testateur.

Comment fait-on son testament olographe?

Le testateur écrit entièrement de sa main ses dispositions de dernière volonté; il y met la date (en toutes lettres ou même en chiffres) des an, mois et jour, et ensuite il y appose sa signature.

A-t-on le droit de faire en tous pays son testament olographe?

Oui, le droit de faire un testament olographe est inhérent à la qualité de Français et peut être exercé aussi bien à l'étranger qu'en France.

Qu'est-ce que le testament public?

Le testament public est celui qui est dressé par un notaire en présence de quatre témoins, ou par deux notaires en présence de deux témoins.

Comment le testament public est-il fait?

Le testament public est fait ainsi : le testateur le dicte; le notaire l'écrit tel qu'il lui est dicté, en donne lecture au testateur en présence des témoins, et fait du tout mention expresse.

Par qui le testament public est-il signé?

Le testament public est signé par le testateur, par les témoins et par le notaire.

Que fait-on si le testateur déclare qu'il ne sait ou ne peut signer?

Si le testateur déclare qu'il ne sait ou ne peut signer, le notaire mentionne dans le testament la cause qui empêche le testateur de signer.

Que signifie le mot mystique?

Le mot mystique signifie caché, secret. Le notaire et les témoins qui interviennent dans le testament mystique ignorent les dispositions qu'il contient.

Comment se fait le testament mystique?

Le testament mystique se fait de la manière suivante : le testateur présente au notaire, en présence de six témoins, le papier clos et cacheté qui contient l'expression de sa dernière volonté, écrite ou au moins signée par lui, en déclarant que c'est son testament. Le notaire dresse sur l'enveloppe du testament l'acte de suscription, contenant la présentation et la déclaration faites par le testateur.

Par qui est signé l'acte de suscription du testament mystique?

L'acte de suscription du testament mystique est signé par le testateur, par les témoins et par le notaire.

Celui qui ne sait pas signer peut-il faire un testament mystique?

Oui, celui qui ne sait pas signer peut faire un testament mystique, pourvu qu'il sache lire; mais il faut alors appeler un septième témoin et exprimer dans l'acte de suscription la cause de sa présence.

Quelles personnes peuvent servir de témoins dans un testament authentique ou mystique?

Les personnes qui peuvent servir de témoins dans un testament sont les Français mâles, majeurs et ayant l'exercice de leurs droits civils.

N'y a-t-il pas des incapacités relatives d'être témoins dans un testament?

Oui, les clercs du notaire qui rédige le testament, les légataires et leurs parents et alliés jusqu'au quatrième degré ne peuvent être témoins, parce que leur témoignage serait suspect.

N'existe-t-il pas, pour certaines circonstances, des testaments publics dont les formes ont une simplicité particulière?

Oui, il y a des formes particulières de testament pour ceux qui voyagent sur mer, pour ceux qui sont dans un lieu avec lequel toute communication est interrompue et pour les militaires en service à l'étranger.

Le Français qui est en voyage à l'étranger peut-il y faire un testament public?

Oui, le Français peut faire à l'étranger un testament public, en remplissant les formes usitées dans le pays où il se trouve.

II. LEGS. — *Le testament contient-il de véritables institutions d'héritiers?*

Non, la loi seule fait les héritiers; le testateur ne fait que des légataires.

Combien y a-t-il de sortes de legs?

Il y a trois sortes de legs : le legs universel, le legs à titre universel, et le legs à titre particulier.

Qu'est-ce que le legs universel?

Le legs universel est celui qui donne à une personne ou même à plusieurs tous les biens disponibles du testateur.

Si le légataire universel concourt avec des héritiers réservataires, à qui appartient la saisine ou possession légale?

Lorsque des héritiers réservataires sont en concours avec un légataire universel, la saisine ou possession légale appartient entièrement aux héritiers réservataires; en conséquence, c'est contre eux que le légataire universel formera sa demande en délivrance du legs.

A partir de quelle époque le légataire universel qui concourt avec des héritiers réservataires a-t-il droit aux fruits de la quotité de biens qui lui revient?

Le légataire universel en concours avec des héritiers réservataires a droit aux fruits de la part qui lui revient du jour de sa demande en délivrance du legs; toutefois, il y aurait droit du jour de l'ouverture de la succession s'il formait sa demande en délivrance dans l'année du décès du testateur.

Le légataire universel contribue-t-il avec l'héritier réservataire au payement des dettes et des legs particuliers?

Le legataire universel contribue au payement des dettes avec l'héritier réservataire ; mais, comme il a toute la quotité disponible, il supporte seul tous les legs.

Le légataire universel est-il tenu des dettes de la même manière que l'héritier?

Non, le légataire universel n'est pas tenu des dettes de la même manière que l'héritier. Celui-ci, en acceptant purement et simplement la succession, est tenu du payement des dettes, alors même qu'elles excéderaient la valeur des biens qu'il recueille ; tandis que le légataire universel qui a fait constater par inventaire la valeur de la succession, n'est tenu de payer les dettes héréditaires et les legs, que jusqu'à concurrence de son émolument.

Le légataire universel est-il saisi des biens de la succession quand il n'existe pas d'héritier réservataire?

Quand il n'y a pas d'héritier réservataire, le légataire universel est saisi des biens de la succession s'il est institué par testament authentique. Mais il n'est pas saisi s'il est institué par testament olographe ou mystique : il doit alors demander, par requête d'avoué, l'envoi en possession des biens au président du tribunal civil du domicile du défunt.

Quelles formalités remplit-on à l'égard du testament olographe ou mystique?

Après la mort du testateur, le testament olographe ou mystique est présenté au président du tribunal ; le président l'ouvre, en dresse l'état et en ordonne le dépôt chez un notaire, afin que celui-ci puisse en délivrer des expéditions aux personnes intéressées.

Qu'est-ce que le legs à titre universel?

Le legs à titre universel est celui qui donne au légataire une quotité des biens du testateur.

Le légataire à titre universel est-il tenu, comme le légataire universel, au payement des dettes et des legs particuliers?

Oui, le légataire à titre universel est tenu, comme le légataire universel, au payement des dettes et des legs dans la proportion de la quotité des biens qu'il recueille.

Qu'est-ce que le legs particulier?

Le legs particulier est celui qui donne au légataire une certaine somme ou des objets déterminés, comme une maison, un champ, une armoire.

Le légataire particulier contribue-t-il au payement des dettes de la succession?

Non, le légataire particulier ne contribue pas au payement des dettes de la succession, car il ne représente en aucune manière la personne du défunt.

Combien le légataire particulier peut-il avoir d'actions pour demander l'exécution de son legs?

Le légataire particulier peut avoir, pour demander l'exécution de son legs, trois actions, qui sont : l'action personnelle, l'action réelle et l'action hypothécaire.

Contre qui le légataire particulier agit-il par l'action personnelle?

Par l'action personnelle, le légataire agit contre les héritiers et contre les légataires universels et à titre universel, pour une part proportionnelle à la quotité de biens que chacun d'eux recueille dans la succession.

Contre qui le légataire particulier agit-il par l'action réelle ou en revendication?

Par l'action réelle ou en revendication, le légataire particulier agit contre le détenteur des objets certains et déterminés qui lui ont été légués.

Contre qui le légataire particulier agit-il par l'action hypothécaire?

Par l'action hypothécaire, le légataire particulier agit contre tout détenteur des immeubles héréditaires; ces immeubles sont, en effet, grevés par la loi d'une hypothèque destinée à garantir le payement des legs particuliers.

A partir de quelle époque le légataire particulier a-t-il droit aux fruits des choses qui lui sont léguées?

Le légataire particulier a droit aux fruits des choses qui lui sont léguées du jour où il forme sa demande en délivrance du legs. Cependant il y a droit du jour de l'ouverture de la succession, si la chose léguée est une rente viagère ou une pension alimentaire.

En quel état la chose léguée doit-elle être délivrée au légataire particulier?

La chose léguée doit être délivrée, avec tous ses accessoires nécessaires, dans l'état où elle se trouve au décès du testateur.

Le legs de la chose d'autrui est-il valable?

Non, le legs de la chose d'autrui est nul, parce que la chose d'autrui est sacrée.

Celui qui lègue mille francs, dix mesures de blé, fait-il un legs nul s'il ne laisse pas d'argent, pas de blé?

Non, le legs de sommes ou de blé est valable, quand même le testateur n'aurait ni argent ni blé, car il y a là un legs de genre, qui diffère essentiellement du legs de la chose d'autrui.

A quelle époque s'ouvrent les diverses espèces de legs?

Les divers legs s'ouvrent au décès du testateur.

Celui qui meurt après l'ouverture du legs sans l'avoir encore accepté, transmet-il son droit à ses héritiers?

Oui; dès que le legs est ouvert, il est acquis au légataire; par suite, il est transmissible à ses héritiers.

III. EXÉCUTEUR TESTAMENTAIRE. — *Comment nomme-t-on celui que le testateur désigne pour veiller à l'exécution de ses dernières volontés?*

Celui que le testateur choisit pour veiller à l'exécution de ses dernières volontés, reçoit le nom d'exécuteur testamentaire.

Dans quel cas le testateur désigne-t-il un exécuteur testamentaire?

Le testateur désigne un exécuteur testamentaire lorsqu'il craint, de la part de son héritier, de l'inexpérience, ou bien de la mauvaise volonté et des lenteurs dans l'exécution des legs.

Le testateur peut-il donner à son exécuteur testamentaire la saisine de son mobilier?

Oui, le testateur peut donner la saisine de son mobilier à l'exécuteur testamentaire; mais cette saisine, qui n'empêche pas celle de l'héritier, ne peut jamais durer au delà de l'an et jour à compter du décès du testateur.

L'exécuteur testamentaire est-il tenu de remplir la mission qui lui est confiée?

Non, celui qui est choisi pour exécuteur testamentaire peut refuser la mission qui lui est donnée. Pour l'engager à l'acceptation, le testateur lui fait ordinairement un don appelé *diamant.*

Quelles sont les principales obligations de l'exécuteur testamentaire?

Les principales obligations de l'exécuteur testamentaire sont de faire inventaire, de faire vendre du mobilier pour avoir l'argent nécessaire à l'acquittement des legs, de veiller à ce que les dernières volontés du testateur soient exécutées, et de rendre compte de sa gestion aux héritiers.

IV. NULLITÉ ET RÉVOCATION DES LEGS. — *Comment divise-t-on les causes de nullité des legs?*

On divise les causes de nullité des legs en causes de *révocation*, qui émanent de la volonté du testateur, et en causes de *nullité*, qui dérivent de causes étrangères à la volonté du testateur.

Quelles sont les causes de révocation des legs?

Les causes de révocation des legs sont: 1° la confection d'un testament postérieur; 2° l'aliénation des choses léguées; 3° la déclaration du testateur dans un acte notarié, fait en présence de deux témoins, qu'il révoque ses testaments antérieurs.

L'héritier peut-il faire prononcer quelquefois la révocation du legs?

Oui, l'héritier peut faire prononcer la révocation du legs si le légataire n'exécute pas les charges que le testateur lui a imposées, ou s'il se rend coupable d'ingratitude envers la mémoire du défunt.

La confection d'un testament postérieur révoque-t-elle toujours les testaments antérieurs en date?

Non, la confection d'un testament postérieur ne révoque pas toujours les legs faits antérieurement, car une personne peut laisser plusieurs testaments de dates différentes et également valables.

Que faut-il pour que le testament postérieur révoque les legs antérieurs?

Pour que le testament postérieur révoque les legs antérieurs, il faut que le testateur manifeste à cet égard son intention d'une manière expresse ou tacite.

Quand la révocation des legs est-elle expresse?

La révocation des legs est expresse si, dans son nouveau testament, le testateur s'exprime en ces termes : « Je révoque mes testaments antérieurs, » ou « le legs fait à M... »

Quand la révocation des legs est-elle tacite?

La révocation des legs est tacite si le nouveau testament contient des dispositions incompatibles avec celles qui sont contenues dans le testament précédent.

Lorsque deux testaments de dates différentes ren- ferment des dispositions incompatibles, l'ancien tes- tament se trouve-t-il entièrement révoqué?

Non, quand deux testaments de dates différentes renferment des dispositions incompatibles, il n'y a de révoqué, dans l'ancien testament, que les disposi- tions incompatibles avec celles du nouveau testa- ment.

Les révocations expresses ou tacites, contenues dans un nouveau testament, sont-elles nulles si ce testament reste sans effet par l'incapacité du léga- taire de profiter de la disposition, ou par son refus d'acceptation?

Non, si le nouveau testament a été revêtu des formes requises, les révocations qu'il contient sont toujours valables.

Quelles sont les causes de caducité des legs?

Les causes de caducité des legs sont : 1° le décès du légataire pendant la vie du testateur; 2° la perte de la chose léguée ; 3° le refus du légataire d'accep- ter le legs.

§ 4. — Des partages d'ascendants.

Est-il utile que le père, la mère, ou tout autre ascendant, fasse le partage de ses biens entre ses enfants et autres descendants?

6

Oui, en faisant le partage de ses biens, l'ascendant évite ainsi à ses descendants les lenteurs, les ennuis et les frais d'un partage judiciaire; de plus, il empêche les contestations et les haines qui, dans un partage, naissent souvent, entre héritiers, des débats sur des intérêts opposés.

Dans quelle forme l'ascendant peut-il faire le partage de ses biens entre ses descendants?

L'ascendant peut faire le partage de ses biens entre ses descendants dans la forme des actes portant donation, ou dans la forme des testaments.

Le partage d'ascendant fait-il loi pour ses descendants?

Oui, le partage d'ascendant fait loi pour ses descendants. Toutefois il est nul, si l'un des enfants est omis. En outre, il peut, dans les dix ans qui suivent le décès de l'ascendant, être annulé dans les trois cas suivants: 1° si l'un des enfants est lésé de plus du quart de sa portion héréditaire; 2° si le principe de l'égalité dans la nature des biens n'a pas été observé; 3° si, par suite du partage et des avantages préciputaires, l'un des enfants a plus que sa part héréditaire et la quotité disponible.

§ 5. — Des donations par contrat de mariage.

Comment divise-t-on les donations faites par contrat de mariage?

On divise les donations faites par contrat de mariage en deux classes : 1° les donations faites par un tiers aux deux époux ou à l'un d'eux; 2° les donations faites par un époux à son conjoint.

Est-il nécessaire que les donations faites par contrat de mariage dépouillent actuellement et irrévocablement le donateur au profit du donataire?

Non, la faveur du mariage a fait introduire des

exceptions au principe général des donations, en ce qui concerne le dépouillement actuel et irrévocable.

Dans quel cas la donation faite par contrat de mariage n'opère-t-elle pas le dépouillement actuel et irrévocable du donateur au profit du donataire?

La donation faite par contrat de mariage n'opère pas de dépouillement actuel et irrévocable lorsqu'un tiers fait au profit de l'un des époux, ou un conjoint à l'autre, soit une institution contractuelle, c'est-à-dire une donation de tout ou partie des biens qu'il laissera à son décès, soit une donation de certains biens, en se réservant la faculté d'en disposer, ou bien en disant que le donataire payera les dettes de la succession du donateur.

Le donataire peut-il, lors du décès du donateur, renoncer à la donation des biens à venir, pour ne pas payer les dettes de la succession?

Oui, le donataire de biens à venir peut renoncer à la donation pour s'affranchir de l'obligation de payer les dettes du donateur; en effet, il ne faut pas que la libéralité qui lui est faite tourne à son détriment.

Les règles des donations ordinaires sont-elles généralement applicables aux donations faites par contrat de mariage?

Oui, les règles des donations ordinaires sont applicables aux donations faites par contrat de mariage; mais il y a des exceptions. Ainsi, les donations faites par contrat de mariage n'ont pas besoin d'être acceptées en termes exprès; en outre, elles ne sont pas révocables pour cause d'ingratitude du donataire.

La loi accorde-t-elle à l'époux quelque droit à la succession de son conjoint?

Le seul droit que la loi accorde à l'époux est de

succéder à son conjoint qui ne laisse ni parent jusqu'au douzième degré, ni enfant naturel reconnu.

Les époux ne se font-ils pas souvent des libéralités?

Oui, les libéralités entre époux sont d'une coutume suivie très-généralement.

La donation entre-vifs que l'un des époux fait à l'autre pendant le mariage dépouille-t-elle actuellement et irrévocablement le donateur au profit du donataire?

La donation qu'un époux fait à son conjoint pendant le mariage le dépouille actuellement; mais, à cause de l'influence que l'un des époux peut exercer sur son conjoint, elle est essentiellement révocable à la volonté du donateur. La femme qui a fait une donation à son mari n'a même besoin d'aucune autorisation pour la révoquer.

L'époux qui n'a pas d'héritier réservataire peut-il donner entre-vifs ou par testament la totalité de ses biens à son conjoint?

Oui, l'époux qui n'a pas d'héritier réservataire peut donner à son conjoint l'universalité de ses biens; la loi ne s'y oppose en aucune manière.

Quelle est la quotité de ses biens que peut donner à son conjoint l'époux qui laisse des ascendants?

L'époux qui laisse des ascendants peut donner à son conjoint : 1° la pleine propriété de la quotité disponible, qui est de la moitié ou des trois quarts de ses biens, selon qu'il laisse des ascendants dans les lignes paternelle et maternelle, ou seulement dans l'une des deux lignes ; 2° en outre, l'usufruit de la part réservée aux ascendants.

Quelle quotité l'époux peut-il donner à son conjoint quand il laisse des enfants de leur union?

L'époux qui laisse des enfants de l'union peut

donner à son conjoint, quel que soit d'ailleurs le nombre des enfants, le quart de ses biens en pleine propriété et l'usufruit d'un autre quart, ou bien seulement la moitié de ses biens en usufruit.

Quelle quotité peut donner à son nouveau conjoint l'époux qui laisse des enfants d'un premier lit?

L'époux qui laisse des enfants d'un premier lit peut donner à son nouveau conjoint une part d'enfant légitime le moins prenant, mais sans pouvoir jamais excéder le quart de ses biens.

Si, dans le but de franchir les limites fixées par la loi, l'époux fait à son conjoint des donations déguisées sous le nom de personnes interposées, quel est le sort de ces donations?

Les donations déguisées que l'un des époux a faites à son conjoint dans le but de franchir les limites fixées par la loi, sont frappées d'une complète nullité.

TITRE III. — Des contrats et des obligations conventionnelles en général.

Qu'est-ce que l'obligation?

L'obligation est un lien de droit qui astreint une personne envers une autre à donner, à faire ou à ne pas faire quelque chose.

Sous quels noms désigne-t-on ceux entre lesquels existe l'obligation?

L'un de ceux entre lesquels existe l'obligation est nommé *créancier :* c'est celui en faveur duquel est formé le lien de droit. L'autre est nommé *débiteur :* c'est celui qui est astreint par le lien de droit.

Comment est appelée l'obligation considérée sous le rapport du créancier?

L'obligation considérée sous le rapport du créancier est appelée ordinairement *créance*. On la désigne encore par les mots *obligation active*, ou *créance active*, ou *dette active*.

Comment est appelée l'obligation considérée sous le rapport du débiteur?

L'obligation considérée sous le rapport du débiteur est appelée ordinairement *dette*. Mais on la désigne pareillement par les mots *obligation passive*, ou *créance passive*, ou *dette passive*.

La légèreté de quelques personnes à contracter facilement des obligations, n'est-elle pas souvent pour elles une cause d'ennuis, de pertes et même de ruine?

Oui; la légèreté de quelques personnes à contracter des obligations, surtout des obligations à terme, leur est souvent très-nuisible. Les affaires qui se traitent au comptant ne renferment pas d'aussi graves inconvénients.

Combien y a-t-il de sources d'obligations?

Il y a cinq sources d'obligations, qui sont : 1° le contrat, dont les règles sont exposées dans ce titre; 2° la loi; 3° le quasi-contrat; 4° le délit; 5° le quasi-délit. Ces quatre dernières sources sont l'objet du titre suivant.

§ 1er. — Dispositions préliminaires.

Qu'est-ce que le contrat?

Le contrat est une convention par laquelle une ou plusieurs personnes s'obligent envers une ou plusieurs autres à donner, à faire ou à ne pas faire quelque chose.

Qu'est-ce que la convention?

La convention est l'accord de deux ou plusieurs personnes sur une même chose.

Peut-il exister un contrat sans convention?

Non ; la convention est un élément essentiel du contrat.

Toutes les conventions constituent-elles des contrats ?

Non ; la convention faisant naître une obligation civile, c'est-à-dire sanctionnée par une action, s'élève seule au rang de contrat.

I. DIVERS CONTRATS. — *Combien distingue-t-on de classes de contrats ?*

On distingue principalement trois classes de contrats.

Quelle est la première classe des contrats ?

La première classe des contrats est celle qui comprend les contrats synallagmatiques, appelés aussi bilatéraux, et les contrats unilatéraux.

Qu'est-ce que le contrat synallagmatique ?

Le contrat synallagmatique est celui par lequel les contractants s'obligent réciproquement l'un envers l'autre. Telle est la vente qui fait naître une obligation de l'acheteur envers le vendeur, et une obligation du vendeur envers l'acheteur.

Qu'est-ce que le contrat unilatéral ?

Le contrat unilatéral est celui qui ne produit d'obligation que d'un côté. Tel est le prêt d'argent, qui fait naître seulement l'obligation de l'emprunteur envers le prêteur.

Quelle est la seconde classe des contrats ?

La seconde classe des contrats est celle qui comprend les contrats à titre onéreux, et les contrats à titre gratuit, appelés aussi de bienfaisance.

Qu'est-ce que le contrat à titre onéreux ?

Le contrat à titre onéreux est celui dans lequel chaque partie a en vue un avantage pécuniaire, comme la vente, l'échange, la société, le prêt à intérêts.

Qu'est-ce que le contrat à titre gratuit?

Le contrat à titre gratuit est celui qui, d'après l'intention commune des parties, ne procure d'avantage qu'à l'une d'elles. Tels sont la donation et le prêt sans intérêts.

Quelle est la troisième classe des contrats?

La troisième classe des contrats est celle qui comprend les contrats principaux et les contrats accessoires.

Qu'est-ce que le contrat principal?

Le contrat principal est celui qui a une existence indépendante de toute autre obligation. Tels sont la vente, le louage et la plupart des contrats.

Qu'est-ce que le contrat accessoire?

Le contrat accessoire est celui qui suppose l'existence d'une autre obligation. Tels sont le cautionnement et le gage, qui ont pour objet de garantir l'exécution d'un engagement.

II. CONDITIONS ESSENTIELLES DES CONTRATS. — *Combien y a-t-il de conditions essentielles pour la validité d'un contrat?*

Il y a quatre conditions essentielles pour la validité d'un contrat : 1° le consentement des parties ; 2° leur capacité de s'obliger ; 3° un objet certain qui forme la matière de l'engagement ; 4° enfin, une cause licite de l'obligation.

Deux personnes peuvent-elles valablement convenir que le lien actif ou passif de l'obligation naîtra dans la personne d'un tiers?

Non, personne ne peut obliger que soi, ni acquérir d'obligations que pour soi.

Les obligations actives et passives s'éteignent-elles par le décès des contractants?

Non, les obligations actives et passives se transmettent aux héritiers, parce que chacun est censé avoir stipulé activement ou passivement pour soi, pour ses héritiers et ayants cause; mais les parties peuvent convenir que le lien de l'obligation ne passera pas aux héritiers.

N'y a-t-il pas quelquefois des vices du consentement donnant lieu à des actions en nullité des contrats?

Oui, il y a quatre vices du consentement donnant lieu à des actions en nullité : ce sont l'erreur, la violence, le dol et la lésion.

Toute erreur de l'une des parties devient-elle une cause de la nullité du contrat?

Non, pour donner lieu à l'action en nullité, il faut que l'erreur porte sur la substance même de la chose, c'est-à-dire sur la qualité principale qui a déterminé une partie à contracter. Ainsi, lorsque celui qui voulait acheter une montre d'or, en a acheté une de cuivre doré, il a commis une erreur donnant lieu à la nullité de la vente.

Quand l'erreur porte sur la chose même ou sur la nature du contrat, les parties sont-elles obligées?

Non, quand l'erreur porte sur la chose même ou sur la nature du contrat, l'accord des parties n'a pas existé : il n'y a eu ni convention, ni contrat, ni obligation; par conséquent, il n'est pas nécessaire de demander la nullité de l'acte.

Dans quels cas la violence est-elle une cause de nullité du contrat?

La violence est une cause de nullité du contrat lorsqu'elle a inspiré à l'une des parties la crainte sérieuse d'un mal considérable et imminent, et que c'est cette crainte que l'a fait consentir.

En quoi consiste le dol?

Le dol consiste en manœuvres frauduleuses pratiquées par une personne pour en tromper une autre.

Que faut-il pour que le dol soit une cause de nullité du contrat?

Pour que le dol soit une cause de nullité du contrat, il faut la réunion de deux conditions : 1° que les manœuvres frauduleuses aient évidemment déterminé la partie trompée à donner son consentement ; 2° que ces manœuvres aient été pratiquées par l'une des parties contractantes. Si elles étaient pratiquées par un tiers, elles feraient naître contre lui une action en dommages-intérêts ; mais le contrat ne pourrait pas être annulé.

En quoi consiste la lésion?

La lésion consiste en un dommage pécuniaire éprouvé par l'un des contractants.

La lésion est-elle, en général, une cause de nullité du contrat?

Non, ce n'est que par exception que la lésion est une cause de nullité du contrat. Ainsi le mineur lésé peut, quelque petite que soit la lésion, demander, à raison de son incapacité, la nullité du contrat qu'il a fait. Le majeur ne peut demander la nullité d'un acte pour cause de lésion que si, dans un partage, il a été lésé de plus du quart de sa portion héréditaire, ou que si, en vendant un immeuble, il a été lésé de plus des sept douzièmes de sa valeur.

Quel est le délai de l'action en nullité?

Le délai de l'action en nullité est de dix ans, qui courent de la découverte de l'erreur ou du dol, de la cessation de la violence et, pour lésion éprouvée par le mineur, du jour de sa majorité.

Quelles personnes ont la capacité de contracter?

Toutes personnes ayant l'usage de la raison ont la capacité de contracter. En effet, en matière de contrats, la capacité est la règle.

La règle que toute personne peut contracter souffre-t-elle des exceptions ?

Oui, quelques personnes sont incapables de contracter ; ce sont : les interdits, ceux qui sont renfermés dans une maison d'aliénés, les mineurs, alors surtout qu'ils ne sont pas émancipés, et, dans la plupart des cas, les femmes mariées.

Le contrat dans lequel a figuré un incapable est-il frappé d'une nullité complète, comme manquant de la capacité qui est l'une des quatre conditions essentielles pour la validité du contrat ?

Non. Il existe dans l'incapable ayant l'usage de raison, non pas un manque complet de capacité, mais seulement un vice de capacité. Il y a donc contrat, mais contrat vicié. Le capable ne peut point se soustraire à son engagement ; mais l'incapable peut, dans les dix ans qui suivent le jour où son incapacité a cessé, demander la nullité du contrat.

Qu'est-ce que l'objet du contrat ?

L'objet du contrat est la chose même que le contractant s'oblige à donner, à faire ou à ne pas faire.

Le contrat synallagmatique a-t-il plusieurs objets ?

Oui, le contrat synallagmatique a autant d'objets qu'il y a de contractants, puisque chaque partie est obligée à quelque chose. Ainsi, la vente a nécessairement deux objets : la chose que le vendeur doit livrer est l'objet de son obligation ; le prix que l'acheteur doit payer est l'objet de son obligation.

Qu'est-ce que la cause du contrat ?

La cause du contrat est la chose en vue de laquelle une partie consent à contracter. Dans la vente, le prix est la cause de l'obligation du vendeur ; et la chose vendue est la cause de l'obligation de l'acheteur.

Si le contrat a une obligation sans cause ou si la cause qu'il renferme est contraire aux lois ou aux mœurs, le contrat a-t-il quelque force?

Non, le contrat sans cause est absolument nul ; mais s'il a une cause, il est valable, quoique l'écrit ne la mentionne pas.

III. EFFETS DES CONTRATS ENTRE LES PARTIES ET ENVERS LES TIERS. — *La convention légalement formée a-t-elle une grande force?*

Oui, la convention légalement formée a force de loi pour les parties. Celles-ci peuvent cependant la révoquer par leur consentement mutuel.

Les obligations sont-elles strictement renfermées dans les termes de la convention?

Non, les conventions, au lieu d'être strictement renfermées dans leurs termes, s'étendent à toutes les conséquences que la loi, l'équité et l'usage attribuent à leur nature.

En quoi consiste l'obligation de donner?

L'obligation de donner consiste dans la nécessité imposée à une personne de transférer à une autre la propriété ou la possession d'une chose.

Celui qui est obligé à donner un objet, n'est-il pas aussi tenu, tant qu'il le possède, de veiller à sa conservation?

Oui, le débiteur d'un objet doit, sous peine de dommages-intérêts, apporter à sa conservation les soins d'un bon père de famille, c'est-à-dire d'un administrateur diligent.

Qu'entend-on par obligation parfaite et par obligation imparfaite?

L'obligation parfaite est celle qui a une existence civile et qui, par suite, est sanctionnée par une action. L'obligation imparfaite, appelée aussi *obligation naturelle*, est celle qui n'est sanctionnée par

aucune action : telle est l'obligation de faire l'au-
mône au pauvre dans le besoin.

*Comment l'obligation de donner ou de faire devient-
elle parfaite ?*

L'obligation de donner ou de faire devient parfaite par le seul consentement des parties ; dès que
ce consentement est formé, le créancier a une action
personnelle pour contraindre son débiteur à payer.

*Le créancier n'a-t-il pas, en outre de l'action per-
sonnelle, l'action réelle ou en revendication ?*

Oui, le créancier a quelquefois l'action en revendication : c'est lorsqu'il s'agit de l'obligation de donner une chose, c'est-à-dire d'en transférer la propriété, et que cette chose est un corps certain et
déterminé appartenant au débiteur. La propriété est
alors transférée par l'effet seul de l'obligation ; le
créancier a, par conséquent, le droit de revendiquer la chose.

*L'obligation de donner a-t-elle pour effet de trans-
férer la propriété de la chose due aussi bien à l'égard
des tiers qu'à l'égard du débiteur ?*

Non, l'obligation de donner n'a pas toujours pour
effet de transférer au créancier la propriété de la
chose à l'égard des tiers. En effet, quand il s'agit
d'immeubles, le créancier n'en devient propriétaire
à l'égard des tiers que par la transcription de son
contrat au bureau des hypothèques. Quand, au contraire, il s'agit de meubles, le créancier en devient,
il est vrai, propriétaire par l'effet de la convention ;
mais lorsque le débiteur les vend et les livre à un
acheteur de bonne foi, le créancier ne peut pas les
revendiquer contre cet acheteur.

*Quand le corps certain et déterminé que le débi-
teur s'est engagé à donner périt ou se détériore avant
la livraison, sur qui retombe la perte ?*

Si l'obligation est pure et simple, ou même à

7

terme, la chose due appartient au créancier du jour du contrat ; en conséquence, c'est lui qui supporte la perte et les détériorations, comme aussi il profiterait des améliorations. Mais si l'obligation est sous condition suspensive, la perte et les détériorations arrivées à la chose avant l'événement de la condition, et par conséquent avant la naissance de l'obligation et la translation de propriété, sont supportées par le débiteur. Au reste, dans tous les cas, si le débiteur était en faute, ou s'il avait été mis en demeure d'exécuter son engagement, il serait tenu envers le créancier de dommages-intérêts.

Comment le débiteur est-il mis en demeure ?

Le débiteur est mis en demeure par une clause même de la convention ou par un acte postérieur.

Le débiteur qui ne satisfait pas à son engagement dans le délai convenu, est-il par cela seul constitué en demeure ?

Non, le débiteur n'est pas en demeure lorsqu'il ne satisfait point à son engagement dans le délai fixé, à moins que la convention ne porte qu'il sera en demeure par le défaut d'exécution dans le délai stipulé.

Par quels actes le créancier peut-il mettre son débiteur en demeure ?

Le créancier peut mettre son débiteur en demeure par une sommation, par un commandement fait en vertu d'un titre exécutoire, ou par une citation en justice.

Le créancier peut-il contraindre son débiteur à donner ou à faire la chose due ?

Oui, le créancier peut contraindre son débiteur à donner, en ce sens qu'il peut recourir à la justice pour se faire mettre en possesion de la chose due. Mais il ne peut pas contraindre son débiteur à faire ou à ne pas faire la chose convenue : de pareilles obligations se résolvent, à défaut d'exécution, en dommages-intérêts.

Qu'entend-on par dommages-intérêts ?

On entend par dommages-intérêts le dommage que le créancier a éprouvé et l'intérêt qu'il avait à l'exécution de l'engagement. Les dommages-intérêts sont ainsi l'appréciation en argent de la perte éprouvée par le créancier et du gain dont il a été privé à cause de l'inexécution par le débiteur de l'obligation, de la mauvaise exécution, du retard dans l'exécution, ou de l'exécution seulement partielle.

Par qui sont fixés les dommages-intérêts ?

Les dommages-intérêts sont fixés par les parties, par la loi ou par le juge.

Comment les parties fixent-elles les dommages-intérêts ?

Les parties fixent les dommages-intérêts en insérant dans la convention une clause portant que, si le débiteur n'exécute pas son engagement dans le délai convenu, il devra payer au créancier telle somme à titre de peine.

Dans quelles obligations la loi fixe-t-elle les dommages-intérêts ?

La loi fixe les dommages-intérêts seulement dans les obligations ayant pour objet des sommes d'argent. Les dommages-intérêts sont alors du cinq ou du six pour cent du capital, selon qu'il s'agit de matière civile ou de matière commerciale.

Dans quels cas les dommages-intérêts sont-ils fixés par le juge ?

Les dommages-intérêts sont fixés par le juge dans tous les cas où ils ne sont fixés ni par la convention ni par la loi.

Le juge traite-t-il plus rigoureusement le débiteur

qui a violé son engagement par dol, que celui qui est simplement en faute?

Oui; le débiteur en faute est condamné seulement aux dommages-intérêts qu'il a prévus ou qu'il a pu prévoir lors de la convention, tandis que le débiteur coupable de dol est condamné à tous les dommages-intérêts qui sont une suite directe et immédiate de l'inexécution de l'engagement.

La règle que « personne ne peut stipuler active-ment ou passivement que pour soi, » n'a-t-elle pas une remarquable conséquence?

Oui, la règle que personne ne peut stipuler que pour soi a cette remarquable conséquence: « La sti-pulation ne peut ni profiter ni nuire à des tiers. » Toutefois, cette conséquence, qui est vraie en droit, n'est pas complétement vraie en fait. Ainsi, lors-que mon débiteur insolvable fait de bonnes opé-rations, j'en profite, en ce sens que ma créance mauvaise devient bonne; lors, au contraire, que mon débiteur solvable fait de mauvaises opérations, j'en souffre, en ce sens que ma créance bonne de-vient mauvaise.

Les créanciers peuvent-ils se faire autoriser par justice à exercer les droits de leur débiteur négli-gent?

Oui, les créanciers peuvent se faire autoriser par justice à exercer les droits de leur débiteur, pourvu qu'il ne s'agisse pas de droits attachés exclusive-ment à sa personne, comme ceux d'usage et d'habi-tation. Ainsi, la justice peut autoriser les créanciers à accepter une succession ou un legs échus à leur débiteur, ou à poursuivre en payement les divers débiteurs de leur débiteur.

Les créanciers peuvent-ils aussi attaquer en justice les actes consentis par leur débiteur, afin de les faire annuler?

Oui, les créanciers peuvent faire annuler les actes consentis par leur débiteur, mais seulement en cas de fraude. Pour faire annuler les actes à titre gratuit, les créanciers doivent prouver le fait du préjudice, et l'intention du débiteur de leur causer ce préjudice ; tandis que pour faire annuler les actes à titre onéreux, ils ont besoin de prouver la collusion, c'est-à-dire la participation volontaire du tiers à la fraude de leur débiteur.

§ 2. — Des diverses espèces d'obligations.

En combien de classes divise-t-on les diverses obligations ?

On divise les diverses obligations en cinq classes.

I. — Quelles sont les obligations comprises dans la première classe ?

Les obligations comprises dans la première classe sont les obligations pures et simples, les obligations à terme et les obligations conditionnelles.

Qu'est-ce que l'obligation pure et simple ?

L'obligation pure et simple est celle qui naît et qui devient exigible à l'instant de la convention : aucun terme n'en retarde l'exigibilité, aucune condition n'en suspend l'existence.

Qu'est-ce que l'obligation à terme ?

L'obligation à terme est celle qui naît au moment de la convention, mais qui n'est exigible qu'après une époque certaine ou incertaine.

Est-il vrai de dire, comme on le fait souvent, que « celui qui a terme ne doit rien ? »

Non ; le dicton « qui a terme ne doit rien, » n'est pas exact : celui qui a terme doit ; mais ce n'est qu'après l'échéance du terme qu'il peut être poursuivi en payement.

Dans l'intérêt de quelle partie présume-t-on que le terme a été stipulé?

S'il n'apparaît pas d'une intention contraire, on présume que le terme a été stipulé dans l'intérêt du débiteur. Celui-ci peut donc, si bon lui semble, renoncer au bénéfice du terme et contraindre le créancier à recevoir son payement.

N'y a-t-il pas des cas où le débiteur est déchu du terme?

Oui, le débiteur est déchu du terme dans deux cas : 1° s'il tombe en faillite ou en déconfiture; 2° s'il diminue par son fait les sûretés données à son créancier.

Qu'est-ce que l'obligation conditionnelle?

L'obligation conditionnelle est celle dont l'existence dépend d'un événement futur et incertain.

L'obligation serait-elle valable si la condition était purement potestative de la part du débiteur?

Non; l'obligation dépendant d'une condition purement potestative de la part du débiteur est entièrement nulle.

L'obligation est-elle nulle si le stipulant ou le promettant meurt avant l'événement de la condition?

Non; la mort du créancier ou du débiteur avant l'événement de la condition, ne rend point l'obligation nulle. En effet, celui qui contracte activement ou passivement stipule pour soi, pour ses héritiers et ayants cause. L'espérance qu'il a de voir naître l'obligation conditionnelle est par conséquent transmissible à ses héritiers. Par suite d'un effet rétroactif qui se produit lors de l'événement de la condition, l'obligation est même considérée comme ayant reposé, dès l'époque de la convention, sur la personne du contractant maintenant décédé, et celui-ci est censé avoir transmis cette obligation à ses héritiers.

L'événement de la condition insérée dans un legs a-t-il aussi un effet rétroactif?

Non ; le legs étant l'œuvre du seul testateur qui a voulu faire une libéralité à une personne déterminée, il s'ensuit que si le légataire meurt avant l'événement de la condition fixée pour l'ouverture du droit, le legs qui lui a été fait devient caduc.

Qu'advient-il si les parties insèrent dans une convention une condition impossible ou bien contraire aux lois ou aux mœurs?

La condition impossible, contraire aux lois ou aux mœurs, insérée dans un contrat, est nulle, et rend nulle toute la convention. Quand, au contraire, elle est insérée dans un legs, ou même dans une donation, elle est effacée, et la libéralité produit son effet.

Combien distingue-t-on de sortes de conditions?

On distingue deux sortes de conditions : la condition suspensive et la condition résolutoire.

Qu'est-ce que la condition suspensive?

La condition suspensive est celle qui suspend la naissance de l'obligation jusqu'à la réalisation d'un événement futur et incertain. Ainsi, quand je vous vends ma maison pour 3,000 fr., si mon fils, qui tire à la conscription l'année prochaine, amène un mauvais numéro, la vente n'existera qu'au moment où mon fils aura tiré un mauvais numéro.

Si la chose vendue sous condition suspensive périt avant l'événement de la condition, pour qui est la perte?

Lorsque la chose vendue sous condition suspen-

sive périt avant l'événement de la condition, la
perte est pour le vendeur : quand même la condition viendrait ensuite à se réaliser, l'acheteur ne
devrait pas le prix.

Qu'est-ce que la condition résolutoire?

La condition résolutoire est celle dont l'événement
fait considérer la convention comme n'ayant jamais
existé. Ainsi, quand je vous vends ma maison pour
3,000 fr., en disant que la vente sera résolue si
mon fils, qui tire à la conscription l'année prochaine, amène un bon numéro, la vente est parfaite dès l'instant de la convention; mais elle est
considérée comme non avenue si mon fils tire un
bon numéro.

*Les contrats synallagmatiques ne renferment-ils
pas une condition résolutoire tacite contre la partie
qui viole son engagement?*

Oui, les contrats synallagmatiques renferment
une condition résolutoire tacite; mais cette sorte
de résolution ne s'opère pas de plein droit : il est au
choix de la partie qui a rempli son engagement de
contraindre l'autre partie à exécuter son obligation,
ou de demander la résolution du contrat, avec des
dommages-intérêts.

II. — *Quelles sont les obligations comprises dans
la deuxième classe?*

Les obligations comprises dans la deuxième classe
sont les obligations alternatives et les obligations
non alternatives.

Qu'est-ce que l'obligation non alternative?

L'obligation non alternative est celle qui impose
au débiteur la nécessité de payer toutes les choses
comprises dans l'obligation.

Qu'est-ce que l'obligation alternative?

L'obligation alternative est celle qui met le débiteur dans la nécessité de payer seulement l'une des choses comprises dans l'obligation. Ainsi, quand j'ai fait cette promesse : « Je vous donnerai tel bœuf ou tel cheval, » je suis entièrement libéré en donnant l'une des deux choses promises.

A qui appartient le choix des choses dues alternativement ?

S'il n'existe pas de convention contraire, le choix des choses dues alternativement appartient au débiteur.

III. — *Quelles sont les obligations comprises dans la troisième classe ?*

Les obligations comprises dans la troisième classe sont les obligations solidaires et les obligations non solidaires.

Qu'est-ce que l'obligation non solidaire ?

L'obligation non solidaire est celle qui se divise entre les débiteurs, de telle sorte que chacun d'eux peut être poursuivi seulement pour sa part, et que l'insolvabilité de l'un n'est pas supportée par les autres, mais bien par le créancier.

Qu'est-ce que l'obligation solidaire ?

L'obligation solidaire est celle qui donne au créancier le droit de demander la totalité de la créance à chacun des débiteurs, et qui, par suite, fait supporter par les débiteurs solvables l'insolvabilité de l'un d'eux.

En matière d'obligations, la solidarité est-elle la règle ?

Non, la solidarité est l'exception ; elle n'existe qu'en vertu d'une convention expresse des parties, ou en vertu d'une disposition formelle de la loi.

Donnez un exemple de solidarité légale.

Toutes les personnes condamnées pour un même

crime ou pour un même délit sont tenues solidairement des frais du procès, des amendes envers l'Etat et des dommages-intérêts envers les parties lésées.

Le créancier qui a plusieurs débiteurs solidaires peut-il, à son gré, les poursuivre tous collectivement devant le même tribunal, ou les poursuivre séparément et successivement?

Oui, le créancier peut, comme bon lui semble, poursuivre ses débiteurs solidaires collectivement, séparément ou successivement. Mais dans le but d'éviter les ennuis et les frais de plusieurs procès, il poursuit ordinairement tous ses débiteurs solidaires en même temps et devant le même tribunal.

Les poursuites dirigées contre un seul des débiteurs solidaires produisent-elles de l'effet à l'égard des autres?

Oui; lorsqu'il s'agit de solidarité conventionnelle, les poursuites intentées contre l'un des débiteurs solidaires interrompent la prescription et font courir les intérêts contre tous, par la raison que chacun d'eux est considéré comme mandataire de ses codébiteurs, soit pour payer toute la dette commune, soit pour défendre à l'action du créancier réclamant son payement intégral.

Le débiteur solidaire qui est poursuivi en payement de la dette entière peut-il opposer au créancier toute sorte de moyens de défense?

Le débiteur solidaire poursuivi en payement de toute la dette peut opposer au créancier tous les moyens de défense résultant de la nature de la dette et tous ceux qui lui sont personnels; mais il n'a pas le droit d'invoquer les moyens purement personnels à ses codébiteurs qui, par exemple, jouissent d'un terme ou d'une exception tirée de leur incapacité de s'obliger.

Le débiteur solidaire qui a payé toute la dette commune a-t-il un recours contre ses codébiteurs?

Oui, le débiteur solidaire qui a payé entièrement le créancier peut demander à chacun de ses codébiteurs une part virile de la dette, à moins qu'il n'en ait été autrement convenu.

Celui qui a payé toute la dette supporte-t-il seul les insolvabilités?

Non; les parts contributoires des insolvables sont réparties entre le débiteur qui a payé toute la dette et les autres débiteurs solvables.

Le créancier peut-il faire remise de la solidarité à quelques-uns de ses débiteurs?

Oui, le créancier peut faire remise de la solidarité à quelques-uns de ses débiteurs. En effet, la solidarité existant uniquement dans son intérêt, il peut y renoncer pour le tout ou pour partie.

IV. — *Quelles sont les obligations comprises dans la quatrième classe?*

Les obligations comprises dans la quatrième classe sont les obligations divisibles et les obligations indivisibles.

Qu'est-ce que l'obligation divisible?

L'obligation divisible est celle qui se divise activement et passivement en autant de créances distinctes qu'il y a de créanciers et de débiteurs, ainsi que d'héritiers du créancier ou du débiteur. En conséquence, chaque créancier ne peut demander au débiteur que sa part, et chaque débiteur ne peut être poursuivi que pour sa part.

Qu'est-ce que l'obligation indivisible?

L'obligation indivisible est celle dont le payement n'est pas susceptible d'être divisé, comme un droit de passage. Chaque créancier peut, dans ce cas, demander à chaque débiteur le payement intégral de la créance.

V. — Quelles sont les obligations comprises dans la cinquième classe?

Les obligations comprises dans la cinquième classe sont celles dont l'exécution est garantie, ou, au contraire, n'est pas garantie par une clause pénale.

Qu'est-ce que la clause pénale?

La clause pénale est une disposition par laquelle les parties fixent, au moyen d'une espèce de forfait, le montant des dommages-intérêts que devra payer le débiteur s'il ne satisfait point à son obligation.

Dans l'intérêt de quelle partie la clause pénale est-elle fixée?

La clause pénale est fixée dans l'intérêt du créancier, qui sera par là dispensé de prouver l'existence du préjudice résultant de l'inexécution. D'ailleurs, après avoir mis le débiteur en demeure, il peut, à son gré, demander l'exécution de l'obligation, ou bien le payement de la clause pénale.

La clause pénale produit-elle de l'effet si elle est insérée dans une convention ayant pour objet une chose impossible, contraire aux lois ou aux mœurs?

Non; comme la convention ayant pour objet une chose impossible, contraire aux lois ou aux mœurs, est nulle, la clause pénale, qui en est une partie accessoire, est frappée de la même nullité.

§ 3. — De l'extinction des obligations.

Qu'est-ce que l'extinction de l'obligation?
L'extinction de l'obligation est la rupture du lien de droit qui astreignait le débiteur.

Combien existe-t-il de manières d'éteindre les obligations?

Il existe neuf manières d'éteindre les obligations. Ce sont : 1° le payement ; 2° la novation ; 3° la remise de la dette ; 4° la compensation ; 5° la confusion ; 6° la perte de la chose due ; 7° la nullité ou rescision : ces sept modes d'extinction font l'objet de ce paragraphe ; 8° l'effet de la condition résolutoire, qui est expliquée dans le paragraphe précédent (p. 116) ; 9° enfin, la prescription qui fait l'objet du titre XX.

1. Payement. — *Qu'est-ce que le payement ?*

Le payement est la manière d'éteindre l'obligation ainsi que les parties l'entendaient en contractant. Le débiteur paye, s'il donne ce qu'il s'est obligé à donner, ou s'il fait ce qu'il s'est obligé à faire.

Qui peut payer ?

Toute personne peut payer. Un tiers, qui agit à l'insu du débiteur, peut payer et même contraindre le créancier à recevoir ce qui lui est dû.

La règle que « toute personne peut payer » ne souffre-t-elle pas une exception ?

Oui ; lorsque, dans l'obligation de faire, le créancier a eu en vue le talent particulier du débiteur, il n'est pas contraint à recevoir son payement d'une autre personne.

A qui le payement doit-il être fait ?

Le payement doit être fait au créancier capable, ou bien à ses représentants, tels que mandataire, tuteur, syndic de faillite.

Le payement fait à une personne qui n'a pas de pouvoir pour le recevoir, libère-t-il le débiteur ?

Non, le payement fait à une personne qui n'a pas de pouvoir pour le recevoir, laisse le débiteur dans le lien de son obligation. Toutefois, si le payement est fait de bonne foi à celui qui était en possession de la créance, par exemple à l'héritier apparent du créancier, si la chose payée tourne au profit du créancier, ou si le créancier ratifie le payement, le débiteur se trouve par là libéré.

Le débiteur auquel a été signifiée une saisie-arrêt ou opposition faite par un tiers, peut-il néanmoins payer son créancier?

Non; le débiteur auquel une saisie-arrêt a été signifiée ne peut plus payer son créancier, car il serait responsable envers le saisissant du préjudice que le payement lui aurait causé.

Quelle chose doit être payée?

Doit être payée toute la chose qui est due. En effet, le créancier n'est pas tenu de recevoir une partie seulement de la chose due, ni d'accepter à sa place une autre chose, même supérieure en valeur.

Où le payement doit-il être fait?

Le payement doit être fait au lieu convenu et aux frais du débiteur. A défaut de convention, le payement d'un corps certain et déterminé doit se faire au lieu où était le corps au moment de la convention; tandis que celui de genre, par exemple d'une somme d'argent, doit être fait au domicile du débiteur.

N'y a-t-il pas différents modes d'extinction des obligations qui se rattachent au payement?

Oui, il y a quatre modes d'extinction des obligations qui se rattachent au payement. Ce sont : 1° le payement avec subrogation; 2° l'imputation des payements; 3° les offres réelles suivies de consignation; 4° enfin, la cession de biens.

1. — *Qu'est-ce que la subrogation?*

La subrogation est la transmission des garanties du créancier recevant son payement, au profit du tiers qui le paye et qui obtient par là un recours contre le débiteur.

La subrogation est-elle bien utile au tiers qui paye la dette du débiteur?

Oui, la subrogation est bien utile au tiers qui paye la dette du débiteur; car, en obtenant les privilèges, les hypothèques et les cautions du créancier auquel il paye, son recours contre le débiteur devient beaucoup plus efficace.

La subrogation s'opère-t-elle toujours au profit de celui qui paye la dette d'autrui?

Non; en général, le payement qui éteint la dette éteint aussi toutes les garanties accessoires de cette dette.

Combien y a-t-il de sortes de subrogation?

Il y a deux sortes de subrogation, qui produisent les mêmes effets : 1° la subrogation conventionnelle, qui émane du créancier ou du débiteur; 2° la subrogation légale.

Que faut-il pour que la subrogation émane du créancier?

Pour que la subrogation émane du créancier, il suffit qu'en recevant son payement d'une tierce personne, le créancier la subroge expressément dans ses droits, privilèges et hypothèques.

Que faut-il pour que la subrogation émane du débiteur?

Le débiteur ne peut subroger qu'en empruntant une somme pour payer son créancier : alors, pour que la subrogation ait lieu, il faut que l'acte d'emprunt soit notarié et exprime que la somme est destinée au payement du créancier, et que la quittance de celui-ci soit aussi notariée et porte qu'il a été payé avec la somme empruntée.

Dans quel cas s'opère la subrogation légale?

La subrogation légale s'opère dans quatre cas. 1° Si un créancier en paye un autre qui lui est préférable à raison de ses priviléges ou hypothèques, il obtient la subrogation pour la somme qu'il a payée : il a un intérêt à faire ce payement, parce qu'en diminuant le nombre des créanciers, il diminue par là les frais de poursuite. — 2° Si l'acquéreur d'un immeuble emploie le prix de son acquisition à payer les créanciers auxquels cet immeuble est hypothéqué, il est subrogé à leurs droits, et par là il obtient une position meilleure que s'il eût payé le prix à son vendeur. — 3° Si celui qui paye la dette avait intérêt de l'acquitter, parce qu'il était tenu au payement avec d'autres, comme le débiteur solidaire, ou bien pour d'autres, comme la caution, la subrogation a lieu en sa faveur. — 4° Enfin, l'héritier bénéficiaire est subrogé quand il paye personnellement les dettes de la succession.

II. — *Qu'est-ce que l'imputation de payement?*

L'imputation de payement, qui suppose entre le même créancier et le même débiteur l'existence de plusieurs dettes, est l'indication de celle qui sera éteinte par la somme payée.

Par qui est faite l'imputation?

L'imputation est faite par le débiteur, par le créancier ou par la loi.

Le débiteur peut-il, quand il paye une somme, l'imputer sur la dette qu'il lui plaît d'acquitter?

Oui, le débiteur peut imputer ce qu'il paye sur la dette qu'il lui plaît d'acquitter, car il est maître de l'emploi de son argent. Il ne pourrait cependant pas imputer la somme payée sur le capital de préférence aux intérêts : ceux-ci doivent toujours, en cas de payement partiel, être préalablement acquittés.

Le débiteur est-il tenu d'accepter l'imputation faite par le créancier?

Non, le débiteur n'est pas tenu d'accepter l'imputation faite par le créancier. Quand la quittance contient une imputation qui lui semble préjudiciable, il peut faire effacer cette imputation. Mais s'il accepte la quittance sans protestation, il ne peut ensuite attaquer l'imputation que s'il y a eu, de la part du créancier, dol ou surprise.

Quand l'imputation n'est faite ni par le débiteur ni par le créancier, comment la loi la fait-elle?

Quand les parties n'ont pas fait l'imputation, la loi déclare éteinte la dette la plus onéreuse, c'est-à-dire celle que le débiteur avait le plus d'intérêt d'acquitter.

III. — *Qu'est-ce que les offres réelles et la consignation?*

Les offres réelles sont la présentation au créancier de la chose due, avec sommation de la recevoir. La consignation est le dépôt de la chose due entre les mains d'un tiers désigné par la loi ou par le juge.

Où consigne-t-on les sommes d'argent?

On consigne les sommes d'argent, ainsi que le veut la loi, à la Caisse des dépôts et consignations.

Les offres réelles et la consignation ne sont-elles pas faites par le moyen d'un officier ministériel?

Oui, les offres réelles et la consignation sont faites par le ministère d'un huissier.

Si les offres réelles, suivies de consignation, sont déclarées valables par le tribunal, à quel instant le débiteur a-t-il été libéré?

Lorsque les offres sont déclarées valables par le tribunal, le débiteur a été libéré à l'instant de la consignation.

Dans quel but le débiteur fait-il à son créancier des offres réelles et la consignation?

Le débiteur fait à son créancier des offres réelles et la consignation dans le but de mettre le créancier en demeure de recevoir son payement, d'arrêter le cours des intérêts et des dommages-intérêts, de faire retomber sur le créancier le risque de la détérioration et de la perte, ainsi que les frais de justice.

IV. — *Qu'est-ce que la cession des biens?*

La cession de biens est l'acte par lequel un débiteur, hors d'état de payer ses dettes, fait l'abandon de tous ses biens à tous ses créanciers.

Combien y a-t-il de sortes de cession de biens?

Il y a deux sortes de cession de biens : la cession volontaire et la cession judiciaire.

Qu'est-ce que la cession de biens volontaire?

La cession de biens volontaire est celle qui réunit l'assentiment de tous les créanciers.

Quels effets produit la cession volontaire?

La cession volontaire a pour effet, s'il n'en a été convenu autrement, de transférer aux créanciers la propriété de tous les biens cédés et de libérer entièrement le débiteur de ses dettes.

Qu'est-ce que la cession de biens judiciaire?

La cession de biens judiciaire est un bénéfice accordé par la loi au débiteur malheureux et de bonne foi qui, en abandonnant en justice ses biens à ses créanciers, s'affranchit de la contrainte par corps.

Le bénéfice de la cession judiciaire est-il accordé à tous les débiteurs pouvant prouver leurs malheurs et leur bonne foi?

Non; le bénéfice de la cession judiciaire est refusé aux étrangers, aux banqueroutiers frauduleux, aux condamnés pour vol ou escroquerie, aux stellionataires, aux dépositaires infidèles et aux tuteurs reliquataires.

Quels sont les effets de la cession judiciaire?

La cession judiciaire ne transfère point aux créanciers la propriété des biens cédés, mais elle leur permet de les faire vendre sans remplir les formalités de la saisie. Elle ne libère le débiteur que jusqu'à concurrence des sommes touchées par ses créanciers.

Le commerçant est-il admis à faire la cession de biens ?

Le commerçant peut, avant le jugement déclaratif de faillite, faire la cession volontaire. Mais il ne jouit jamais du bénéfice de la cession judiciaire; toutefois, il ne sera pas contraignable par corps, s'il est déclaré excusable.

II. NOVATION. — *Qu'est-ce que la novation?*

La novation est la substitution d'une nouvelle dette à une ancienne qui se trouve par là éteinte avec toutes ses garanties accessoires.

De combien de manières peut s'opérer la novation ?

La novation peut s'opérer de trois manières : 1° par changement d'objet; 2° par changement de débiteur; 3° par changement de créancier.

Comment s'opère la novation par changement d'objet ?

La novation par changement d'objet s'opère par la volonté du créancier et du débiteur consentant à ce qu'un nouvel objet soit dû à la place de l'ancien.

Comment s'opère la novation par changement de débiteur ?

La novation par changement de débiteur s'opère par le consentement du créancier et du nouveau débiteur qui se substitue à l'ancien et le libère ainsi, même à son insu, envers le créancier.

Comment s'opère la novation par changement de créancier ?

La novation par changement de créancier s'opère par le consentement de l'ancien créancier, du nouveau créancier et du débiteur.

L'indication d'une personne qui fera ou recevra le payement opère-t-elle novation?

Non; l'indication d'une personne qui fera ou qui recevra le payement ne suffit pas pour opérer novation. Comme la novation éteint les garanties de l'ancienne dette, elle ne se présume pas ; il faut qu'elle résulte clairement de l'acte passé entre les parties.

III. REMISE DE LA DETTE. — *Qu'est-ce que la remise de la dette ?*

La remise de la dette est l'acte par lequel un créancier renonce gratuitement à son droit de créance au profit du débiteur.

Quand le débiteur est possesseur du titre de la créance, y a-t-il présomption de remise de la dette ?

Non, la possession du titre par le débiteur n'établit pas une présomption que le débiteur a reçu une libéralité, mais bien plutôt qu'il a payé sa dette.

IV. COMPENSATION. — *Qu'est-ce que la compensation ?*

La compensation est l'extinction de deux dettes existant respectivement entre deux personnes, jusqu'à concurrence de la plus faible des sommes.

Quelles conditions sont requises pour la compensation ?

Pour que la compensation s'opère, il faut la réunion des trois conditions suivantes : 1° que deux personnes soient respectivement créancières et débitrices ; 2° que les deux créances respectives soient également liquides et exigibles ; 3° que ces créances aient pareillement pour objet des sommes d'argent ou des choses fongibles de la même espèce, c'est-à-dire pouvant se remplacer exactement les unes par les autres.

Lorsque les conditions requises pour la compensation se trouvent réunies, les deux dettes s'éteignent-elles de plein droit?

Oui, quand les conditions requises se trouvent réunies, la compensation s'opère de plein droit, même à l'insu des parties. Chacune d'elles a d'ailleurs un intérêt à ne pas payer ce qu'elle pourrait aussitôt réclamer.

N'existe-t-il pas des causes qui empêchent la compensation?

Oui, il existe trois causes qui empêchent la compensation. 1° La compensation ne s'opère point quand un tiers a formé une saisie-arrêt. 2° Le dépositaire, le commodataire, le voleur et celui qui a voulu se payer de ses propres mains ne peuvent, sous prétexte de compensation, retenir la chose de leur débiteur. 3° Le débiteur d'une pension alimentaire ne peut point compenser ce qu'il doit à titre d'aliments avec ce qui lui est dû.

V. CONFUSION. — *Qu'est-ce que la confusion?*

La confusion est la réunion dans une seule personne de la qualité de créancier et de la qualité de débiteur de la même obligation. Cette réunion de qualités incompatibles, qui n'arrive guère que par succession, éteint nécessairement l'obligation.

VI. PERTE DE LA CHOSE DUE. — *Quand la chose due vient à périr, le débiteur est-il par là libéré?*

Oui, la perte de la chose due libère le débiteur, puisqu'elle rend impossible l'accomplissement de l'obligation. Mais si le débiteur était en faute ou en demeure, il serait tenu envers le créancier à des dommages-intérêts.

VII. Nullité ou rescision. — *Quelles sont les causes de nullité ou rescision des obligations ?*

Les causes de nullité ou rescision des obligations sont les vices de consentement ou de capacité.

Quand le contrat est vicié, les deux parties peuvent-elles en demander la nullité ?

Non, la partie incapable ou dont le consentement est vicié, peut seule demander la nullité du contrat.

Quel est le délai de l'action en nullité ?

Le délai de l'action en nullité est de dix ans.

Le délai de dix ans pour agir en nullité court-il toujours à partir du contrat ?

Non; le délai pour agir en nullité ne court, pour vice de consentement, qu'à partir de la découverte de l'erreur ou du dol, ou bien à partir de la cessation de la violence. Pour vice de capacité, le délai commence à courir de l'époque où l'incapacité a cessé ; or, l'incapacité cesse, pour la femme mariée, par la dissolution du mariage, et, pour le mineur, par la majorité.

Le mineur qui agit en nullité obtient-il toujours gain de cause ?

Non; pour obtenir gain de cause, le mineur doit prouver que l'acte dont il demande la nullité lui a causé un préjudice; en effet, il n'est pas restituable en sa qualité seule de mineur, mais en sa qualité de lésé.

Le mineur émancipé qui se trouve lésé dans des actes de pure administration, peut-il en demander la nullité ?

Non; le mineur émancipé qui a été lésé dans des actes de pure administration, ne peut pas en demander la nullité, car il n'existe point en sa personne, pour de tels actes, de vice de capacité.

Le mineur peut-il faire annuler les actes passés par le tuteur, lorsqu'ils lui causent du préjudice?

Non, le mineur n'a pas le droit de faire annuler les actes que son tuteur a passés lorsqu'ils lui préjudicient, à moins que le tuteur n'ait violé quelques formes ou conditions prescrites par la loi.

L'obligation qui est annulable pour vice de consentement ou de capacité, peut-elle être confirmée, c'est-à-dire ratifiée?

Oui, toute obligation annulable peut être confirmée. Ainsi, celui qui a découvert le dol dont il a été victime, et le mineur qui est arrivé à sa majorité, peuvent confirmer leurs obligations.

De combien de manières l'obligation annulable peut-elle être confirmée?

L'obligation annulable peut être confirmée de deux manières : tacitement et expressément.

Comment a lieu la confirmation tacite?

La confirmation tacite a lieu lorsque le débiteur, qui connaît la cause de nullité, exécute volontairement son obligation viciée.

Comment se fait la confirmation expresse?

La confirmation expresse se fait dans un écrit qui doit contenir : 1° la substance de l'obligation annulable; 2° le vice dont cette obligation est entachée; 3° enfin, l'intention des parties de réparer ce vice.

§ 4. — De la preuve de la naissance et de l'extinction des obligations.

Qu'est-ce qu'une preuve?

Une preuve est la démonstration de l'existence d'un fait ou d'un droit.

Quelle partie est tenue, devant le juge, de faire la preuve en matière d'obligation?

Comme chacun naît libre de tout lien de droit, c'est au prétendu créancier à prouver le fait qui a donné naissance, en sa faveur, à un droit de créance. Mais si le débiteur prétend qu'il est maintenant libéré, c'est à lui de prouver le fait qui a produit l'extinction de sa dette.

Qui doit faire la preuve en matière de droit de propriété?

Comme la possession d'une chose établit une présomption de propriété en faveur du possesseur, c'est à celui qui ne possède pas la chose à prouver qu'elle lui appartient.

Combien existe-t-il de genres de preuves?

Il existe cinq genres de preuves, qui sont ; 1° la preuve littérale ; 2° la preuve testimoniale ; 3° les présomptions ; 4° l'aveu de la partie; 5° enfin, le serment.

I. PREUVE LITTÉRALE. — *Qu'est-ce que la preuve littérale?*

La preuve littérale est celle qui résulte d'écrits appelés *titres* ou *actes*.

Combien y a-t-il de sortes d'actes?

Il y a deux sortes d'actes : l'acte authentique et l'acte sous seing privé.

I. — *Qu'est-ce que l'acte authentique?*

L'acte authentique est celui qui a été dressé par un officier public ayant le droit d'instrumenter dans le lieu où l'acte a été passé, et qui est revêtu des formalités prescrites par la loi.

Quels sont les officiers publics qui dressent des actes authentiques?

Les officiers publics qui dressent des actes au-

thentiques sont surtout les notaires, les huissiers
et les maires.

*Quels sont les officiers publics qui donnent de
l'authenticité aux testaments et aux conventions ?*

Les officiers publics qui donnent de l'authenticité aux testaments et aux conventions sont les notaires.

L'acte authentique est-il réputé vrai ?

Oui, l'acte authentique fait foi à l'égard de tous.
Les faits qu'il contient et qui sont de nature à pouvoir être personnellement attestés par le notaire,
ne peuvent être attaqués que par la procédure dif-
ficile de l'inscription de faux.

*La convention contenue dans l'acte authentique
produit-elle des effets à l'égard de tous ?*

Non ; la convention contenue dans l'acte authentique ne produit d'effet qu'entre les parties contractantes, leurs héritiers et ayants cause.

Qu'est-ce qu'une contre-lettre ?

Une contre-lettre est un acte destiné à rester
secret, et par lequel les parties annulent ou modi-
fient un autre acte passé en forme authentique et
destiné à être rendu public.

La contre-lettre peut-elle être opposée aux tiers ?

Non, la contre-lettre ne peut pas être opposée
aux tiers. En effet, les tiers en ont ignoré l'existence, et ils n'ont pu connaître que les dispositions
contenues dans l'acte authentique. La contre-lettre
ne doit donc pas leur nuire. Ainsi, Paul a vendu à
Pierre sa maison par un acte authentique portant
que le prix a été payé comptant. Pierre a vendu
ensuite cette maison à Jacques. Paul ne peut pas
opposer à Jacques une contre-lettre portant que la
vente est simulée ou que le prix n'en a pas été
payé.

II. — *Qu'est-ce que l'acte sous seing privé?*

L'acte sous seing privé est celui qui est rédigé sans l'intervention d'officier public, et qui est signé par l'obligé ou par les obligés.

L'acte sous seing privé peut-il être rédigé sur papier libre?

Oui, l'acte sous seing privé peut être rédigé sur papier libre ; mais il est prudent de le rédiger sur papier timbré. En effet, lorsqu'on fait enregistrer l'acte mis sur papier libre, notamment afin de le produire en justice, il faut payer une amende de 50 francs.

L'acte sous seing privé produit-il entre les parties et leurs héritiers le même effet que l'acte authentique?

Oui, l'acte sous seing privé produit entre les parties le même effet que l'acte authentique, lorsque sa sincérité est reconnue.

Qu'arrive-t-il si le débiteur nie sa signature apposée sur un acte sous seing privé ou si ses héritiers méconnaissent la signature de leur auteur ?

Si le débiteur nie sa signature apposée sur un acte sous seing privé ou si ses héritiers la méconnaissent, le créancier qui veut faire valoir son acte doit alors agir, devant le tribunal, en vérification d'écriture.

Quelle forme est requise pour la validité de l'acte sous seing privé destiné à constater un contrat synallagmatique?

Pour la validité de l'acte sous seing privé destiné à constater un contrat synallagmatique, il faut qu'il y ait autant d'originaux qu'il existe de parties ayant un intérêt distinct, et que chaque original contienne la mention des doubles et soit signé par toutes les parties. Il est nécessaire, en effet, que les parties soient dans une position égale, et que chacune d'elles puisse faire valoir ses droits.

Quelle forme est requise pour l'acte unilatéral?

L'acte unilatéral est rédigé ordinairement en un seul original qui est remis au créancier. Le débiteur écrit cet original et il le signe ; ou bien, si l'original n'est pas écrit par lui, il y met de sa main un *bon* ou *approuvé* portant en toutes lettres la somme ou la quantité de la chose due, et il y appose sa signature.

Si la somme portée dans le corps de l'acte n'est pas la même que celle qui est dans le bon, quelle est celle qui sera due?

Quand la somme portée au corps de l'acte diffère de celle qui est portée au bon, s'il n'apparaît pas de quel côté est l'erreur, la dette est présumée être de la somme moindre.

La règle portant que, dans l'acte unilatéral, le bon ou approuvé est nécessaire quand le débiteur n'a pas écrit lui-même l'original, a-t-elle des exceptions?

Oui ; la règle que le bon ou approuvé est nécessaire quand le débiteur n'a pas écrit entièrement de sa main l'original, ne s'applique ni aux marchands, ni aux artisans, laboureurs, vignerons, gens de service et de journée : pour éviter à ces personnes des lenteurs ou des frais, la loi n'exige que leur signature.

La simple signature de la femme dont le mari a l'une des professions dispensées du bon ou approuvé, est-elle aussi suffisante?

Non ; si la femme mariée n'a pas elle-même l'une des professions dispensées du bon ou approuvé, son bon ou approuvé devient nécessaire dans l'acte unilatéral qu'elle n'a pas entièrement écrit.

L'acte sous seing privé fait-il, comme l'acte authentique, foi de sa date?

L'acte sous seing privé fait, comme l'acte authentique, foi de sa date entre les parties et leurs héritiers ; mais il n'acquiert date certaine à l'égard des tiers que par l'enregistrement, par le décès de l'un des signataires, ou par la mention de sa substance dans un acte authentique.

III. — *N'y a-t-il pas, outre les actes authentiques et sous seings privés, d'autres écrits jouissant de quelque force probante?*

Oui, des écrits autres que les actes authentiques et sous seings privés jouissent de quelque force probante. Ainsi, les tailles corrélatives à leurs échantillons font foi entre les personnes qui ont coutume de constater par ce moyen les fournitures, par exemple celles de pain ou de viande ; en outre, les livres des marchands font foi contre eux, et ils ont en leur faveur quelque force quand ils sont tenus régulièrement, car ils autorisent le juge à leur déférer le serment appelé supplétoire. Enfin, l'écriture mise par le créancier au dos, à la suite ou en marge de son titre, fait foi lorsquelle tend à prouver la libération du débiteur, alors même qu'elle n'est ni signée ni datée.

II. PREUVE TESTIMONIALE.—*Qu'est-ce que la preuve testimoniale?*

La preuve testimoniale est celle qui résulte de la déposition de personnes présentes au fait qu'il s'agit de démontrer.

La loi accorde-t-elle la même foi à la preuve testimoniale qu'à la preuve littérale?

Non ; comme la loi craint la subornation de témoins, elle n'admet pas la preuve testimoniale au-dessus de la somme ou valeur de 150 fr.

La preuve testimoniale est-elle admise pour prouver contre et outre ce qui est contenu dans l'acte écrit?

Non ; l'écrit fait une foi entière, la preuve testimoniale ne peut jamais en rien l'ébranler.

Le créancier qui réclame, par exemple, 151 fr. se composant de dettes différentes ou des intérêts réunis au capital, est-il admis à prouver sa demande par témoins?

Non ; le créancier qui demande une somme supérieure à 150 fr. n'est pas admis à fournir la preuve testimoniale, lors même qu'il restreindrait ensuite sa prétention à une somme inférieure à 150 fr.

Celui qui a prêté, en présence de témoins, 100 fr. et ensuite 60 fr. à la même personne, et qui demande 100 fr., peut-il ensuite former une nouvelle demande pour 60 fr.?

Non, le créancier qui a prouvé par témoins le prêt de 100 fr., ne peut plus, par le même moyen, prouver le prêt de 60 fr. ; en effet, les demandes qui ne sont pas entièrement justifiées par écrit doivent, sous peine de déchéance à l'égard de celles qui sont omises, être toutes contenues dans le même exploit d'assignation.

La règle que la preuve testimoniale n'est pas admise au-dessus de 150 fr., souffre-t-elle des exceptions?

Oui, la preuve testimoniale est admise, quelle que soit la valeur réclamée, dans les quatre cas suivants : 1° s'il existe un commencement de preuve par écrit émané du débiteur et rendant vraisemblable le fait allégué ; 2° s'il s'agit de dépôt nécessaire, c'est-à-dire fait soit en cas d'incendie, ruine, naufrage ou tumulte, soit par un voyageur logeant dans un hôtel ou dans une auberge ; 3° s'il s'agit d'affaire commerciale ; 4° enfin, s'il s'agit de quasi-contrats, de délits ou de quasi-délits.

8.

III. Présomptions. — *Qu'est-ce qu'une présomption?*

Une présomption est la conséquence que la loi ou le magistrat tire d'un fait connu à un fait inconnu.

Combien y a-t-il de sortes de présomptions?

Il y a deux sortes de présomptions : les présomptions légales et les présomptions judiciaires.

Qu'est-ce que la présomption légale?

La présomption légale est celle que la loi attache à certains actes ou à certaines circonstances. Ainsi, le débiteur qui possède le titre de créance est présumé libéré; le possesseur d'une chose en est présumé propriétaire; la chose jugée est présumée vraie.

Quand le demandeur peut-il être repoussé par l'exception tirée de la chose jugée?

Le demandeur peut être repoussé par l'exception tirée de la chose jugée, lorsque le nouveau procès qu'il veut intenter renferme tous les éléments de celui qui a été jugé, c'est-à-dire lorsque la chose demandée est la même, qu'elle est fondée sur la même cause, qu'elle se forme entre les mêmes parties et que les parties agissent en la même qualité.

Qu'est-ce que la présomption judiciaire?

La présomption judiciaire est celle qui est abandonnée aux lumières du juge.

Le juge peut-il toujours baser sa sentence sur des présomptions?

Non. Pour que les présomptions puissent servir de base à la sentence du juge, il faut qu'elles soient graves, précises et concordantes, et qu'il s'agisse de matière où la loi admet la preuve testimoniale.

IV. Aveu. — *Qu'est-ce que l'aveu?*

L'aveu est la reconnaissance faite par une partie que la prétention de son adversaire est juste.

Combien y a-t-il de sortes d'aveu ?

Il y a deux sortes d'aveu : 1° l'aveu extrajudiciaire, c'est-à-dire fait hors de la présence du juge ; 2° l'aveu judiciaire, c'est-à-dire fait devant le juge.

Est-on toujours admis à prouver en justice, à l'aide de témoins, l'existence de l'aveu extrajudiciaire purement verbal ?

Non. La preuve testimoniale de l'aveu extrajudiciaire n'est pas admise au-dessus de la valeur de 150 fr.

Celui qui invoque l'aveu de son adversaire peut-il le diviser, c'est-à-dire prendre ce qui lui est favorable, et repousser ce qui lui est défavorable ?

Non. Si quelqu'un veut se prévaloir de l'aveu de son adversaire, il faut qu'il l'accepte pour le tout, car l'aveu est indivisible.

V. SERMENT. — *Qu'est-ce que le serment ?*

Le serment est l'acte par lequel une personne prend Dieu à témoin de la vérité du fait qu'elle atteste.

Combien y a-t-il de sortes de serment ?

Il y a deux sortes de serment : le serment extrajudiciaire et le serment judiciaire.

Peut-on prouver par témoins l'existence du serment extrajudiciaire ?

Oui, on peut prouver par témoins l'existence du serment extrajudiciaire, mais seulement lorsqu'il s'agit de valeur n'excédant pas 150 fr.

Combien y a-t-il de sortes de serment judiciaire ?

Il y a deux sortes de serment judiciaire, qui sont : le serment décisoire, c'est-à-dire déféré par une partie à l'autre, et le serment déféré d'office par le juge à l'une des parties.

Le serment décisoire peut-il être déféré par cha-

cune des parties, dans toute espèce de contestation, et en tout état de l'instance?

Oui, chaque partie peut toujours déférer, en tout état de l'instance, le serment à son adversaire, mais seulement sur un fait qui lui est personnel.

Dans quel cas recourt-on au serment décisoire?

On recourt au serment décisoire lorsque l'on a confiance dans la loyauté de son adversaire, et que l'on manque de toute autre preuve triomphante.

Quelle est la conséquence du serment déféré?

Si la partie à laquelle le serment est déféré jure, elle gagne son procès; tandis qu'elle le perd si elle refuse de jurer, car il y a présomption que son refus a pour cause la crainte d'un faux serment. Elle peut cependant référer le serment à son adversaire.

Dans quel cas le juge défère-t-il d'office le serment?

Le juge défère d'office le serment à l'une des parties dans deux cas : 1° lorsque la demande n'est pas entièrement prouvée et qu'elle n'est pas complétement dénuée de preuve; le serment est alors appelé *supplétoire*, parce qu'il supplée à l'insuffisance de la preuve; 2° lorsqu'il est impossible au juge d'estimer la chose réclamée; mais le juge fixe la somme jusqu'à concurrence de laquelle la partie sera crue. Ce serment est appelé *estimatoire*.

TITRE IV. — Des engagements qui se forment sans convention.

Le contrat est-il la source unique des obligations?

Non. Le contrat est la source principale des obligations; mais il existe encore quatre autres sources, qui sont : la loi, le quasi-contrat, le délit et le quasi-délit.

I. — *Quelles sont les obligations légales, c'est-à-dire naissant par l'autorité seule de la loi?*

La loi oblige les ascendants et les descendants à se fournir réciproquement des aliments; elle oblige aussi le tuteur à gérer les biens du pupille confiés à sa garde, et les propriétaires de fonds contigus à contribuer aux frais de bornage de leurs propriétés.

II. — *Qu'est-ce que le quasi-contrat?*

Le quasi-contrat est un fait licite et volontaire qui oblige envers un tiers celui duquel il émane, et qui produit quelquefois des obligations réciproques.

Quels sont les principaux quasi-contrats?

Les principaux quasi-contrats sont le payement d'une chose indue et la gestion d'affaires.

Sur quel principe repose l'obligation résultant du payement indû?

L'obligation résultant du payement indû repose sur le principe que personne ne doit s'enrichir aux dépens d'autrui : si celui qui a reçu à titre de payement une chose non due ne la restituait pas, il violerait ce principe de justice et d'équité.

Celui qui a reçu un payement indû est-il tenu de restituer, avec la chose, les intérêts ou autres fruits?

Celui qui a reçu un payement indû n'est tenu de restituer les fruits de la chose que si cette chose a été reçue par lui de mauvaise foi.

Celui qui restitue une chose indûment reçue a-t-il droit au remboursement de ses dépenses?

Oui, celui qui restitue la chose qu'il a reçue indûment a droit au remboursement de ses dépenses nécessaires et utiles, alors même qu'il serait de mauvaise foi.

Qu'est-ce que la gestion d'affaires ?

La gestion d'affaires est le fait par lequel une personne s'immisce volontairement dans les affaires d'une autre qui ne lui a pas donné de mandat.

A quoi s'oblige le gérant d'affaires ?

Le gérant d'affaires contracte l'obligation : 1° de continuer la gestion de l'affaire dans laquelle il s'est immiscé, jusqu'à ce que le propriétaire, qui est ordinairement dans un lieu éloigné, soit en état d'y pourvoir lui-même ; 2° d'apporter à l'affaire les soins d'un bon père de famille ; 3° enfin, de rendre au propriétaire compte de sa gestion.

Le propriétaire ne devient-il pas lui-même fréquemment obligé envers le gérant d'affaires ?

Oui, le propriétaire est tenu d'indemniser le gérant d'affaires des engagements que celui-ci a personnellement formés à raison de sa gestion, et de lui rembourser ses dépenses nécessaires et même ses dépenses utiles jusqu'à concurrence de la valeur dont il profite.

III. — *Qu'est-ce que le délit ?*

Le délit est l'acte illicite qui cause du préjudice à autrui et qui est fait par une personne ayant l'intention de nuire.

IV. — *Qu'est-ce que le quasi-délit ?*

Le quasi-délit est l'acte illicite qui cause du préjudice à autrui, mais qui est fait sans intention de nuire. Ainsi, en matière civile, c'est l'intention de l'agent qui fait distinguer le délit du quasi-délit.

L'intention de nuire ne détermine-t-elle pas le juge à fixer plus haut la somme des dommages-intérêts ?

Oui ; de même que le dol dans les contrats, l'in-

tention de nuire dans les faits illicites contribue à
faire fixer plus haut la somme des dommages-intérêts.

*Celui qui cause du préjudice à autrui, est-il tou-
jours tenu de le réparer?*

Oui, celui qui cause du préjudice à autrui est
toujours obligé de le réparer, lorsqu'il existe de sa
part une simple faute, quelque petite qu'elle soit.
Sous le nom de *faute*, on comprend la négligence,
l'imprudence, l'impéritie et même la faiblesse.

*Celui qui laisse incendier une maison, tuer ou noyer
une personne, est-il civilement responsable?*

Non. Quelque coupable que puisse être, au point
de vue moral, l'inaction de celui qui laisse s'accom-
plir un meurtre ou un autre grand malheur, cette
inaction ne suffit pas pour faire naître contre lui
une action en dommages-intérêts, la loi civile n'im-
posant, en général, à personne l'obligation de veiller aux biens ou à la personne d'autrui.

*La responsabilité de chacun est-elle limitée à ses
faits personnels?*

Oui, en règle générale, personne ne répond que
de ses propres faits; mais cette règle souffre des
exceptions, car on est responsable du fait de certaines personnes et du préjudice causé par les
choses que l'on a sous sa garde.

Quelles sont les personnes dont on répond?

Le père, ou la mère après le décès de son mari,
répond du dommage causé par ses enfants mineurs
habitant avec lui. Les instituteurs et les artisans
répondent du dommage causé par leurs élèves ou
apprentis, tandis qu'ils les ont sous leur sur-
veillance. Les maîtres et les commettants répondent
du dommage que leurs domestiques ou commis ont
causé dans l'exercice de leurs fonctions.

Celui qui est responsable du fait d'un autre échappe-t-il à la responsabilité s'il prouve qu'il n'a pu empêcher le préjudice?

En prouvant qu'il n'a pu empêcher le préjudice, le père, la mère, l'instituteur ou l'artisan échappe à la responsabilité; mais c'est en vain que les maîtres et les commettants feraient une pareille preuve.

Le mari répond-il du fait de sa femme, et le tuteur du fait de son pupille?

Non, le mari ne répond point du fait de sa femme, ni le tuteur du fait de son pupille, à moins qu'il ne soit prouvé qu'ils sont eux-mêmes personnellement en faute. Toutefois, la responsabilité civile du mari et du tuteur existe dans certains cas prévus par la loi, notamment en matière forestière et en matière de délits de pêche et de chasse.

La loi ne donne-t-elle pas des exemples de responsabilité à raison des choses que l'on a sous sa garde?

Oui, la loi donne deux exemples de responsabilité à raison des choses que l'on a sous sa garde. 1° Le propriétaire d'un animal, ou celui qui s'en sert pendant qu'il est à son usage, est responsable du préjudice que l'animal a causé, soit que l'animal fût sous sa garde, soit qu'il fût égaré ou échappé. 2° Le propriétaire d'un bâtiment est responsable du dommage causé par sa ruine, lorsque cette ruine est arrivée par défaut d'entretien ou par vice de construction.

TITRE V. — DU CONTRAT DE MARIAGE ET DES DROITS RESPECTIFS DES ÉPOUX.

Dispositions préliminaires.

Le mariage diffère-t-il du contrat de mariage?

Oui. Le mariage civil se célèbre devant le maire, et le mariage religieux devant le ministre du culte;

ils produisent tous deux des droits et des devoirs qui sont d'ordre public et que les parties ne peuvent point modifier. Tandis que le contrat de mariage, lorsqu'il déroge à la communauté légale, est passé devant notaire ; il règle les intérêts pécuniaires des époux, leur association quant aux biens ; enfin, les futurs époux ont la plus grande latitude pour l'adoption du régime de leur association et des clauses qui leur conviennent.

Qu'entend-on par régime ?

On entend par régime un ensemble de règles.

En combien de régimes divise-t-on les divers contrats de mariage ?

On divise les divers contrats de mariage en quatre régimes, qui sont : 1° le régime de communauté ; 2° le régime sans communauté ; 3° le régime de séparation de biens ; 4° enfin, le régime dotal.

Quel est le régime le plus fréquent ?

Le régime le plus fréquent est celui de la communauté : il constitue en France une règle générale ; tous les époux qui n'ont pas cru devoir faire les frais d'un contrat notarié sont censés avoir voulu accepter toutes les dispositions de la communauté légale.

Le régime de la communauté est-il bien ancien ?

Oui ; le régime de la communauté remonte aux premiers âges de la monarchie française.

Où le régime de la communauté a-t-il pris naissance ?

Le régime de la communauté a pris naissance sur le sol français : il est donc d'origine nationale.

Le régime de la communauté est-il plus conforme que les autres régimes à la constitution religieuse de l'union conjugale ?

Oui, le régime de la communauté, qui a été la

source principale de l'unité, de la prospérité et de la grandeur de la nation française, et qui est parfaitement en harmonie avec les principes de la plus sublime philosophie, est plus conforme que les autres régimes à la constitution religieuse de l'union conjugale, car il est la plus belle émanation des principes de la religion chrétienne sur le mariage.

Pourquoi le régime de la communauté est-il plus conforme que les autres régimes à la constitution religieuse de l'union conjugale?

Le régime de la communauté est plus conforme que les autres régimes à la constitution religieuse de l'union conjugale, parce que c'est seulement dans ce régime que l'on distingue trois patrimoines qui demeurent de visibles emblèmes des trois personnes résultant du mariage : 1° il y a le patrimoine de la communauté, qui est l'emblème de l'unité de chair des époux; 2° il y a le patrimoine du mari, qui est l'emblème de sa personnalité atteinte, mais non anéantie par l'unité conjugale, car le mari conserve intacts ses rapports et ses droits de famille; 3° enfin, il y a le patrimoine de la femme, qui est l'emblème de sa personnalité atteinte, mais non anéantie par l'unité conjugale ni par le mari, car la femme conserve, de même que le mari, ses rapports et ses droits de famille.

Les règles sur l'administration des biens ne sont-elles pas aussi, dans le régime de la communauté, en parfaite harmonie avec les rapports que la religion établit entre les époux?

Oui; dans le régime de la communauté, les règles sur l'administration des biens sont en harmonie parfaite avec les rapports établis par la religion entre les époux, car le mari, qui est constitué par la religion le chef de la femme et de la famille, est investi de l'administration des trois patrimoines.

*Le mari exerce-t-il l'administration des trois pa-
trimoines dans son intérêt unique?*

Non; tous les bénéfices que le mari fait dans l'administration des trois patrimoines profitent à la
communauté, et la moitié des biens qui composent
cette communauté appartiendra, lors de la dissolution du mariage, à la femme qui est une associée
égale au mari, ou, si elle prédécède, à ses héritiers.

*La manière dont fonctionne la communauté est-elle
une parfaite image de l'accomplissement des devoirs
égaux que les père et mère doivent remplir envers
leurs enfants?*

Oui, la manière dont fonctionne la communauté
est une parfaite image de l'accomplissement des
devoirs des père et mère envers leurs enfants. En
effet, comme les bénéfices quotidiens des époux et
les revenus de leurs immeubles propres tombent
dans la communauté qui supporte toutes les charges
du ménage, les enfants reçoivent ainsi chaque jour
également de leurs père et mère, se confondant à
leurs yeux dans l'unité, les bienfaits de leur nourriture, de leur entretien, de leur éducation et de leur
établissement.

*Que faut-il faire quand on veut modifier quelques
règles du régime de la communauté légale, ou quand
on veut adopter un autre régime?*

Pour modifier le régime de la communauté légale ou pour adopter un autre régime, il faut, avant
la célébration du mariage, faire rédiger en minute
un contrat de mariage par un notaire, en présence
de deux témoins.

*Le mineur qui se marie peut-il aussi faire rédiger
par notaire son contrat de mariage?*

Oui, le mineur qui se marie peut faire rédiger par
notaire son contrat de mariage, mais il doit être

assisté des personnes dont le consentement est nécessaire pour son mariage.

Donne-t-on quelque publicité au contrat de mariage?

Oui : d'après une loi de 1850, le maire est tenu d'insérer dans l'acte de célébration du mariage le régime qui est adopté, afin que les époux ne puissent point tromper, par de fausses déclarations touchant le régime de leur association quant aux biens, un tiers vigilant sur leur capacité de s'obliger et sur les garanties qu'ils offrent de l'exécution de leurs engagements.

CHAPITRE Ier. — DU RÉGIME DE LA COMMUNAUTÉ.

Combien y a-t-il de sortes de communauté?

Il y a deux sortes de communauté : 1° la communauté légale, qui se compose de toutes les règles exprimées dans le paragraphe suivant; 2° la communauté conventionnelle, ainsi appelée parce que les parties insèrent dans leur contrat de mariage quelques dérogations à la communauté légale.

§ 1er. — De la communauté légale.

Quand la communauté légale existe-t-elle entre les époux?

La communauté légale existe entre les époux lorsqu'ils n'ont pas fait rédiger, avant leur mariage, un contrat notarié, ou qu'ils ont adopté purement et simplement cette communauté dans leur contrat notarié.

I. DIVERS PATRIMOINES. — *Combien y a-t-il de personnes et de patrimoines dans l'union des époux avec régime de la communauté légale?*

Dans l'union des époux avec régime de la communauté légale, il y a trois personnes, qui sont la personne civile de la communauté, la personne du mari et la personne de la femme. Il existe par conséquent aussi trois patrimoines.

La personne et le patrimoine des époux éprouvent-ils quelques modifications par le fait du mariage?

Oui, la personne et le patrimoine des époux sont modifiés par le fait du mariage. En effet, à partir de la célébration de leur union, les époux mariés en communauté ne peuvent plus faire de gains ni de bénéfices qui leur soient personnels; leurs patrimoines ne se composent plus que d'immeubles, car les meubles qu'ils avaient lors de leur mariage, ceux qu'ils acquièrent depuis, et les fruits de leurs immeubles propres tombent dans la communauté.

II. Composition de la communauté. — *La communauté, qui constitue une personne et qui a un patrimoine propre, n'a-t-elle pas un actif et un passif?*

Oui; la communauté se trouve dans la même condition que toute autre société, que toute autre personne; par conséquent elle a en propre un actif et un passif.

I. — *De quoi la communauté se compose-t-elle activement?*

La communauté se compose activement : 1° de tous les meubles, corporels ou incorporels, qu'avaient les époux lors de la célébration de leur union ou qui leur adviennent pendant le mariage; 2° des gains que font les époux et des fruits de leurs patrimoines; 3° des immeubles acquis pendant le mariage.

Celui qui donne entre-vifs ou par testament des meubles à l'un des époux ne peut-il pas dire valablement que ces meubles resteront propres à cet époux?

Oui; l'auteur de la libéralité peut empêcher les

meubles qu'il donne à l'un des époux de tomber
dans la communauté; celle-ci aura seulement, dans
ce cas, la jouissance des meubles donnés ou légués
à l'époux.

A quelle époque la communauté acquiert-elle les fruits des biens propres aux époux?

La communauté acquiert les fruits naturels et industriels des biens propres aux époux lorsqu'elle les perçoit, et elle acquiert les fruits civils jour par jour.

Si le mari ne fait pas la coupe d'une forêt qui appartient à sa femme ou à lui-même, la communauté maintenant dissoute, est-elle privée à cet égard de tout droit?

Non, la communauté n'est pas privée de tout droit sur la coupe qui aurait dû se faire pendant le mariage. On déroge ici aux règles ordinaires de l'usufruit, parce qu'il ne doit pas dépendre de la négligence ou de la volonté du mari, qui administre tous les biens, d'enrichir l'un des patrimoines aux dépens d'un autre patrimoine. En conséquence, l'époux propriétaire de la forêt doit à la communauté le prix de la coupe qui aurait été faite si l'ordre des aménagements eût été observé.

A qui sont censés appartenir les biens administrés par le mari?

Les biens administrés par le mari sont censés appartenir tous à la communauté, parce qu'elle les possède et en perçoit les fruits. Toujours, en effet, celui qui possède une chose est censé la posséder pour soi et à titre de propriétaire, à moins que le contraire ne soit prouvé.

Que doit prouver l'époux qui se prétend propriétaire d'un immeuble possédé par la communauté?

L'époux qui se prétend propriétaire d'un immeuble possédé par la communauté doit prouver qu'il lui était propriétaire ou possesseur de l'immeuble avant le mariage, ou bien qu'il en a acquis la propriété pendant le mariage par succession, par donation ou legs, par échange contre un de ses immeubles propres, par avancement d'hoirie de la part d'un ascendant, ou par adjudication sur licitation de l'immeuble dont il était propriétaire par indivis.

Le conjoint qui devient propriétaire d'un immeuble par avancement d'hoirie, par licitation ou autrement, et qui, d'après l'acte, est redevable d'une certaine somme, ne doit-il pas une récompense à la communauté qui paye cette somme?

Oui; le conjoint qui devient propriétaire d'un immeuble doit rembourser à la communauté ce qu'elle a déboursé à cause de cette acquisition, car il ne peut pas s'enrichir aux dépens d'autrui.

— III. — *De quoi la communauté se compose-t-elle passivement?*

La communauté se compose passivement : 1° des dettes mobilières qu'avaient les époux lors de la célébration de leur union, sauf récompense pour celles qui avaient pour cause un immeuble propre de l'un des époux; 2° des dettes contractées pendant le mariage par le mari ou par la femme autorisée de son mari; 3° des intérêts et arrérages des dettes qui restent personnelles aux époux parce qu'elles concernent leurs immeubles; 4° des réparations usufructuaires des immeubles des époux; 5° des aliments des époux, de l'éducation et entretien des enfants et de toute autre charge du mariage.

Quand le créancier de la femme a un acte qui n'a pas date certaine antérieurement au mariage, sur quels biens peut-il se faire payer?

Lorsque le créancier de la femme a un acte qui n'a pas date certaine antérieurement au mariage, comme rien ne prouve, à l'égard du mari et de la communauté qui sont des tiers, que la dette n'a pas été contractée pendant le temps où la femme était incapable de s'obliger, le créancier ne pourra se faire payer que sur la nue propriété des immeubles de la femme.

Quand des successions, donations et legs adviennent à l'un des époux, par qui sont supportées les dettes qui y sont attachées?

Pour savoir par qui sont supportées les dettes des successions et des libéralités advenues à l'un des époux, il s'agit d'examiner si les successions ou les libéralités sont mobilières, immobilières ou mixtes, c'est-à-dire composées de meubles et d'immeubles.

Par qui sont supportées les dettes d'une succession mobilière échue à l'un des époux?

Comme la communauté acquiert tout l'actif de la succession mobilière échue à l'un des époux, elle en supporte toutes les dettes.

Par qui sont supportées les dettes d'une succession immobilière échue à l'un des époux?

Comme l'époux qui devient héritier acquiert tout l'actif de la succession immobilière, il en supporte aussi toutes les dettes.

Par qui sont supportées les dettes d'une succession mixte, c'est-à-dire composée d'immeubles et de meubles?

L'époux qui succède acquiert les immeubles de la succession mixte, et la communauté acquiert les meubles; en conséquence, les dettes se partagent entre l'époux héritier et la communauté proportionnellement à la valeur des biens que chacun recueille. Le mari doit alors faire inventaire des meubles.

Existe-t-il des différences entre le droit de poursuite appartenant aux créanciers de la succession et la contribution des époux au payement de la dette?

Oui, il y a de notables différences entre le droit de poursuite appartenant aux créanciers de la succession et la contribution des époux au payement de la dette.

Sur quels biens les créanciers héréditaires peuvent-ils poursuivre leur payement, quand le mari accepte purement et simplement une succession qui lui est échue?

Quand la succession est échue au mari, les créanciers héréditaires ont le droit de poursuivre leur payement sur les biens du mari et sur ceux de la communauté.

Sur quels biens les créanciers héréditaires peuvent-ils se faire payer quand la femme accepte purement et simplement une succession qui lui est échue?

Si la femme accepte une succession avec autorisation du mari, les créanciers héréditaires peuvent se faire payer tant sur les biens de la femme que sur ceux du mari et de la communauté; toutefois, ils ne peuvent se faire payer que sur la pleine propriété des biens de la femme, quand il s'agit d'une succession immobilière. Si la femme, à défaut de l'autorisation de son mari, a été autorisée par justice à l'acceptation, les créanciers héréditaires ne peuvent se faire payer que sur les biens de la succession et sur la nue propriété des immeubles de la femme.

III. ADMINISTRATION DE LA COMMUNAUTÉ.— *Par qui la communauté est-elle administrée?*

La communauté est administrée par le mari, parce que c'est lui qui a principalement le devoir de veiller à la prospérité et au salut des membres de sa famille dont il est le chef.

Quels sont les pouvoirs du mari sur les biens de la communauté?

Le mari a des pouvoirs très-étendus sur les biens de la communauté : il peut non-seulement administrer à son gré les biens de cette communauté, mais il peut encore hypothéquer les immeubles et les aliéner à titre onéreux ; il peut même aliéner les meubles à titre gratuit, pourvu qu'il ne s'en réserve pas l'usufruit. Mais il ne peut aliéner les immeubles de la communauté à titre gratuit que pour l'établissement des enfants communs.

Le mari peut-il léguer un immeuble de la communauté?

Oui, le mari peut léguer valablement un immeuble de la communauté ; le légataire obtiendra l'immeuble même ou sa valeur, selon que cet immeuble tombera ou non dans le lot des héritiers du mari.

Par qui sont administrés les biens personnels de la femme?

Les biens personnels de la femme sont administrés par le mari.

Quels pouvoirs le mari a-t-il sur les biens personnels de la femme?

Le mari a sur les biens de la femme les pouvoirs d'un administrateur ordinaire ; il peut, notamment, passer des baux de neuf ans et les renouveler dans les trois ans ou dans les deux ans qui précèdent leur expiration, selon qu'il s'agit de baux ruraux ou de baux de maisons. Il peut aussi exercer les actions mobilières et les actions immobilières possessoires, et même, dans l'intérêt de la communauté, revendiquer le droit d'usufruit des immeubles de sa femme.

La femme a-t-elle aussi le droit d'administrer les biens de la communauté?

Non, le mari est seul administrateur de la communauté. Toutefois, la femme est censée mandataire du mari pour les affaires du ménage et le règlement des fournitures de la maison ; par de tels

actes, ce n'est pas elle-même, mais c'est le mari et
la communauté qu'elle oblige.

*La femme ne peut-elle jamais engager les biens de
la communauté?*

La femme peut engager les biens de la communauté dans deux cas, mais seulement avec autorisation de justice : 1° pour tirer le mari de prison ;
2° pour doter les enfants communs, en cas d'absence
du mari.

*Quels sont les pouvoirs de la femme sur ses biens
propres?*

La femme mariée est frappée d'incapacité ; elle
ne peut valablement engager ni sa personne ni ses
biens sans l'autorisation de son mari ou de justice.

*Par qui est supportée la dette contractée par la
femme autorisée de son mari?*

Toutes les fois que la femme s'oblige avec autorisation de son mari, la dette est supportée par la
communauté, s'il n'apparaît pas qu'elle ait été contractée dans l'intérêt personnel de l'un des époux.

*Sur quels biens le créancier qui a traité avec la
femme peut-il poursuivre son payement?*

Si la femme qui a formé un engagement a été
autorisée par son mari, le créancier peut poursuivre
son payement intégral, à son gré, sur les biens de
la femme, sur ceux du mari et sur ceux de la communauté. Si, au contraire, la femme a été autorisée
de justice, le créancier ne peut agir que sur la nue
propriété des biens personnels de la femme.

*Quelles sont les conséquences de l'autorisation que
le mari donne à sa femme de faire le commerce?*

L'autorisation que le mari donne à sa femme de
faire le commerce a pour conséquence d'autoriser
celle-ci d'une manière générale à s'obliger, à aliéner

ses immeubles et à les hypothéquer pour les besoins du commerce.

Quand l'un des époux vend un de ses immeubles, la communauté devient-elle propriétaire du prix payé ?

Oui, la communauté devient propriétaire du prix payé par l'acheteur d'un immeuble propre à l'un des époux ; mais personne ne pouvant s'enrichir aux dépens d'autrui, elle doit à cet époux une récompense du prix, tel qu'il est porté dans le contrat de vente.

Le droit à la récompense ne peut-il pas cesser pendant le mariage ?

Oui, le droit à la récompense cesse pendant le mariage quand le conjoint qui a vendu son immeuble en acquiert un autre, à titre de remploi, avec le prix tombé de son chef dans la communauté.

Que doit l'époux sur le fonds duquel le mari a fait des améliorations avec l'argent de la communauté ?

Si le mari a fait des améliorations sur son fonds, il doit à la communauté tout l'argent qu'il en a tiré ; s'il a fait des améliorations sur l'immeuble de la femme, celle-ci doit à la communauté une récompense jusqu'à concurrence seulement de la valeur dont son immeuble se trouve par là augmenté.

Les enfants qui se marient peuvent-ils contraindre leurs père et mère à leur donner quelques valeurs pour se mettre en ménage ?

Non, les enfants n'ont aucune action contre leurs père et mère pour obtenir un établissement par mariage ou autrement ; mais ils en reçoivent ordinairement des dons par avancement d'hoirie.

Quelle part supporte chacun des père et mère qui constituent ensemble une dot à l'enfant commun ?

Si la convention ne fixe pas les parts contributoires, chacun des père et mère supporte la moitié de la dot qu'ils ont constituée à leur enfant commun.

Le père qui constitue seul une dot à un enfant commun, est-il censé agir en son nom propre?

Oui, le père qui constitue seul une dot à l'enfant commun est censé agir en son nom propre ; toutefois, s'il avait constitué en dot des biens communs, il serait censé avoir agi au nom de la communauté qui, par suite, supporterait définitivement la dette de la dot.

La dot qui est constituée à l'un des époux est-elle une libéralité?

Oui, la dot est une libéralité, puisque personne n'est tenu de doter; cependant, comme cette constitution entre dans les conditions qui déterminent au mariage, elle a quelques rapports avec les actes à titre onéreux; ainsi la dot n'est pas révocable pour cause d'ingratitude, et le constituant est garant des choses qu'il a données en dot.

Les sommes promises en dot produisent-elles de plein droit des intérêts?

Oui ; s'il n'y a pas de convention contraire, les sommes promises en dot produisent des intérêts de plein droit à partir du mariage, alors même qu'elles ne seraient exigibles qu'après un certain terme.

IV. Dissolution de la communauté. — *Comment se dissout la communauté?*

La communauté se dissout de trois manières : 1° par le décès de l'un des époux; 2° par la séparation de biens; 3° par la séparation de corps, produisant nécessairement la séparation de biens.

La loi n'impose-t-elle pas à l'époux survivant l'obligation de faire inventorier par un notaire les biens de la communauté?

Oui, l'époux survivant est tenu de faire inventorier les biens de la communauté. S'il néglige de remplir cette obligation dans les trois mois du décès de son conjoint, il est privé de l'usufruit légal des biens de ses enfants mineurs; en outre, les héritiers et les créanciers du conjoint décédé sont admis à prouver la consistance du mobilier par titres, par témoins et même par commune renommée.

Qu'est-ce que la séparation de biens?

La séparation de biens est une ressource offerte à la femme pour mettre sa dot à l'abri de la mauvaise administration de son mari, lorsque celui-ci s'avance vers l'insolvabilité.

Qu'est-ce que la séparation de corps?

La séparation de corps est celle qui donne à la femme un domicile séparé de celui de son mari. Elle est fondée sur la violation essentielle par l'un des époux des obligations résultant du mariage.

Les époux peuvent-ils convenir pendant le mariage qu'ils seront séparés de biens ou de corps?

Non; la convention dans laquelle les époux disent, pendant le mariage, qu'ils seront séparés de biens ou de corps, ne produit aucun effet; toute séparation doit être prononcée en justice, et être ensuite rendue publique.

La femme judiciairement séparée de corps ou de biens peut-elle librement s'obliger et disposer de ses biens comme elle l'entend?

Non; par la séparation de biens ou de corps, la femme n'obtient que la libre administration de ses biens; pour les actes dépassant les limites de cette administration, il lui faut l'autorisation de son mari ou de justice.

Les époux peuvent-ils valablement convenir que leur séparation judiciaire de biens ou de corps cessera?

Oui, les époux peuvent convenir valablement que leur séparation judiciaire cessera : la loi voit toujours avec faveur leur retour à la confiance mutuelle. Mais leur intention à cet égard doit être manifestée dans un acte notarié, qui est ensuite rendu public dans l'intérêt des tiers ; ceux-ci, en effet, ont besoin d'être avertis que la capacité acquise par la femme d'administrer ses biens va cesser pour l'avenir.

V. Acceptation de la communauté, et renonciation qui peut y être faite. — *Quand la communauté est dissoute, le mari et la femme se trouvent-ils dans la même position?*

Non, lorsque la communauté est dissoute, les deux époux ne sont pas dans la même position. En effet, la loi accorde à la femme, ainsi qu'à ses héritiers, le droit d'accepter la communauté, ou d'y renoncer pour n'être pas tenue des dettes qui la grèvent ; tandis que le mari, ainsi que ses héritiers, succède nécessairement à la communauté.

N'y a-t-il pas des actes qui privent la femme de la faculté de renoncer à la communauté?

Oui, la femme est privée de la faculté de renoncer à la communauté dans les trois cas suivants : 1° si elle s'est immiscée dans les biens de la communauté dissoute, en faisant un acte dépassant les limites de la simple administration ; 2° si elle a pris dans un écrit le titre de femme commune ; 3° enfin, si elle a dérobé des biens de la communauté.

Y a-t-il présomption que la femme accepte la communauté?

Oui, il y a présomption que la femme accepte quand la communauté est dissoute par le prédécès du mari ; mais cette présomption n'existe point en cas de séparation de biens ou de corps.

La loi n'impose-t-elle pas à la veuve l'obligation de faire inventaire des biens de la communauté?

Oui, la veuve doit, dans les trois mois du décès de son mari, faire rédiger par notaire, en présence des héritiers du mari, un inventaire fidèle et exact des biens de la communauté. Elle doit aussi affirmer que cet inventaire est sincère et véritable.

Quelle peine encourt la veuve qui n'exécute pas dans les trois mois du décès de son mari l'obligation de faire inventaire?

La veuve qui ne fait pas inventaire dans les trois mois du décès de son mari se trouve par là déchue de la faculté de renoncer à la communauté; en outre, elle est privée de l'usufruit légal des biens de ses enfants mineurs, et les héritiers et créanciers du mari peuvent prouver contre elle la consistance du mobilier par toute sorte de moyens, même par la commune renommée.

Qu'arrive-t-il si la veuve meurt avant l'expiration des trois mois qui suivent le décès de son mari, et sans avoir fait inventaire?

Quand la veuve meurt avant l'expiration des trois mois du décès de son mari, ses héritiers ont, à partir de son décès, un nouveau délai de trois mois pour faire inventaire.

La veuve qui a fait inventaire n'a-t-elle pas encore un délai pour délibérer sur le parti qu'elle prendra?

Oui, de même qu'un héritier, la veuve a, pour délibérer, le délai de quarante jours, à partir de la confection de l'inventaire, ou, si l'inventaire n'a pas été fait, à partir des trois mois accordés pour sa confection.

La loi ne donne-t-elle pas à la veuve quelques avantages particuliers?

Oui; déterminée par des sentiments d'humanité, la loi donne à la veuve : 1° le droit de prendre sur les biens de la communauté ce qui est nécessaire pour sa nourriture et son habitation pendant trois mois et quarante jours ; 2° le droit de réclamer aux héritiers du mari une somme suffisante pour ses habits de deuil ; 3° enfin, le droit de reprendre, si elle renonce à la communauté, les linges et hardes à son usage personnel.

I. — Quelles sont les opérations qui précèdent le partage de la communauté acceptée par la femme ou par ses héritiers ?

Les opérations qui précèdent le partage de la communauté sont : 1° le rapport que fait chaque époux à la communauté des récompenses qu'il lui doit ; 2° les prélèvements.

Quelles choses les époux prélèvent-ils sur les biens de la communauté ?

Chaque époux prélève sur les biens de la communauté : 1° les immeubles qui lui appartiennent en propre et ceux qu'il a acquis en remploi du prix de ses propres aliénés ; 2° le prix de ses immeubles aliénés, lorsqu'il n'en a pas été fait remploi ; 3° enfin, les indemnités qui lui sont dues par la communauté.

Quel est celui des époux qui exerce le premier ses prélèvements ?

C'est la femme qui exerce d'abord ses prélèvements : elle les exerce sur l'argent, sur les meubles, et ensuite sur les immeubles de la communauté. Si les biens de la communauté sont insuffisants, elle exerce subsidiairement ses prélèvements sur les biens propres du mari, qui subit ainsi les conséquences désastreuses de son administration.

Lorsque les époux ont exercé leurs prélèvements, comment se partage l'actif corporel qui reste dans la communauté ?

Après les prélèvements, l'actif corporel de la communauté se partage en deux parts égales, d'après les règles du partage des successions.

Les récompenses et indemnités dues par un époux à la communauté, ou par la communauté à l'un des époux, produisent-elles de plein droit des intérêts?

Oui, les récompenses et indemnités produisent de plein droit des intérêts à partir du jour de la dissolution de la communauté jusqu'au partage.

Si l'un des époux est, d'après l'acte de partage, créancier de son conjoint, sa créance produit-elle des intérêts?

Non; les intérêts des sommes dues par un époux à l'autre ne courent, après le partage de la communauté, qu'en vertu d'une convention ou d'une demande en justice.

Comment les époux contribuent-ils au payement des dettes de la communauté?

Comme les époux ont chacun la moitié de l'actif de la communauté, ils supportent aussi chacun la moitié des dettes. Toutefois, chaque époux supporte entièrement les dettes qui lui sont personnelles, c'est-à-dire celles qui sont relatives à ses propres.

La femme est-elle tenue de payer la moitié des dettes de la communauté, alors même que cette moitié dépasserait son émolument?

Oui, la femme est tenue, en général, de payer la moitié des dettes de la communauté. Mais si elle a eu soin de faire un inventaire, elle n'est tenue au payement des dettes communes, tant à l'égard du mari qu'à l'égard des créanciers, que jusqu'à concurrence de son émolument.

Quels sont les droits de poursuite des créanciers?

Si la dette a été contractée par la femme autorisée de son mari ou par les deux époux solidairement, le créancier peut demander le payement de toute sa créance à chacun des époux; dans les autres cas, il peut demander la totalité de la créance à l'époux qui s'est obligé, et la moitié seulement à l'autre époux.

II. — *Quels sont les effets de la renonciation de la femme à la communauté ?*

Par sa renonciation, la femme perd tout droit sur les biens de la communauté, même sur ceux qui y sont tombés de son chef. Mais, d'un autre côté, elle est déchargée des dettes communes, tant à l'égard du mari qu'à l'égard des créanciers; elle peut cependant être poursuivie par le créancier envers lequel elle s'est personnellement obligée; mais, lorsqu'il ne s'agit pas d'une dette relative à ses propres, elle a un recours contre son mari pour obtenir tout ce qu'elle a payé.

Quels sont les droits de la femme qui renonce à la communauté?

La femme qui renonce à la communauté a **le** droit de reprendre tout ce qu'elle eût prélevé en cas d'acceptation, savoir : 1° les immeubles qui lui appartiennent en propre et ceux qu'elle a acquis en remploi; 2° le prix de ses immeubles aliénés dont il n'a pas été fait remploi; 3° enfin, les indemnités qui lui sont dues.

Sur quels biens la femme qui renonce exerce-t-elle ses reprises?

La femme qui renonce exerce ses reprises tant sur les biens de la communauté que sur ceux du mari.

La femme acceptante ou renonçante est-elle payée de ce qui lui est dû par préférence aux autres créanciers du mari?

La femme qui accepte la communauté ou qui y renonce a une hypothèque sur les immeubles de son mari; mais elle n'a aucun droit de préférence sur les biens de la communauté, ni pour le prix de ses propres aliénés sans remploi, ni pour les indemnités qui lui sont dues.

§ 2. — De la communauté conventionnelle.

Qu'est-ce que la communauté conventionnelle?

La communauté conventionnelle est celle qui contient quelques dérogations, insérées dans le contrat de mariage, aux règles de la communauté légale.

La loi n'énonce-t-elle pas les clauses principales qui dérogent à la communauté légale?

Oui, la loi énonce les huit clauses principales qui dérogent à la communauté légale; mais elle laisse à la liberté des parties la faculté d'établir toute espèce d'autres clauses, pourvu qu'elles ne soient contraires ni aux lois ni aux bonnes mœurs.

Quelle est la première des clauses que la loi énonce comme dérogeant à la communauté légale?

La première des clauses dérogeant à la communauté légale est la communauté réduite *aux acquêts*, c'est-à-dire aux gains que font les époux par leur travail et leur économie, et aux fruits de leurs meubles et immeubles propres.

En quoi la clause de communauté réduite aux acquêts déroge-t-elle à la communauté légale?

La clause de communauté réduite aux acquêts déroge à la communauté légale en ce qu'elle empêche le mobilier présent et futur des époux, tant actif que passif, de tomber définitivement dans la communauté.

Quelle est la seconde clause dérogeant à la communauté légale?

La seconde clause est celle *d'exclusion de communauté* de tout ou partie du mobilier appartenant aux époux. Elle est aussi appelée clause de *réalisation de propres*.

Quelle est la troisième clause?

La troisième clause est celle d'*ameublissement*, ainsi appelée parce qu'elle fait tomber dans la communauté des immeubles propres aux époux, comme les meubles y tombent sous l'empire de la communauté légale.

Le mari a-t-il sur les immeubles ameublis par la femme les mêmes pouvoirs que s'il les eût achetés au nom de la communauté?

Oui, le mari a sur les immeubles ameublis par la femme les mêmes pouvoirs que sur les autres immeubles de la communauté. Toutefois, si la femme ameublit un immeuble ou généralement ses immeubles, jusqu'à concurrence d'une certaine somme, elle en conserve la propriété, et, dans ce cas, le mari a seulement le droit d'hypothéquer, jusqu'à concurrence de la somme convenue, les immeubles ameublis.

Quelle est la quatrième clause?

La quatrième clause est celle de *séparation de dettes*. Cette séparation résulte de la déclaration que font les époux, dans leur contrat de mariage, qu'ils payeront chacun leurs dettes antérieures au mariage, ou qu'ils sont francs et quittes de toutes dettes.

La clause portant que chacun des époux payera ses dettes antérieures au mariage et celle par laquelle ils déclarent qu'ils sont francs et quittes de toutes dettes antérieures au mariage, ont-elles les mêmes effets?

Oui, la clause portant que chacun des époux payera ses dettes antérieures au mariage et celle par laquelle ils déclarent qu'ils sont francs et quittes de toutes dettes antérieures au mariage ont, en général, les mêmes effets; mais elles ont une différence : si les époux disent qu'ils payeront chacun leurs dettes, les intérêts de ces dettes sont supportés par la communauté; si, au contraire, les époux déclarent qu'ils sont francs et quittes de toutes dettes, chacun d'eux supporte personnellement tous les intérêts de ses dettes antérieures au mariage.

Quelle est la cinquième clause?

La cinquième clause est celle de *reprise d'apport*. Par cette clause, la femme stipule que, si elle renonce à la communauté, elle reprendra tout ou partie de son mobilier, franc et quitte de toute dette de la communauté; mais alors elle déduit de la valeur de son mobilier qu'elle reprend, le montant des dettes tombées de son chef dans la communauté.

Quelle est la sixième clause?

La sixième clause est celle de *préciput*, qui existe si l'un des époux stipule qu'il prélèvera, avant partage, une certaine somme sur les biens de la communauté.

Quelle est la septième clause?

La septième clause est celle qui établit entre les époux des *parts inégales* dans la communauté, ou qui accorde toute la communauté au survivant des époux ou spécialement à l'un d'eux s'il survit.

Quelle est la huitième et dernière clause?

La huitième clause est celle de la communauté *à titre universel*. Par cette clause, les époux font tomber dans la communauté tous leurs biens, présents et à venir, ou tous leurs biens présents, ou tous leurs biens à venir.

Dans les cas que le contrat notarié n'a point prévus, quelles règles applique-t-on?

Dans les cas que le contrat notarié n'a point prévus, on applique les règles de la communauté légale, notamment en ce qui concerne les pouvoirs du mari sur les biens de la communauté et sur ceux de la femme.

Les avantages qui résultent, au profit de l'un des époux, des diverses dispositions du contrat de mariage, sont-ils à titre onéreux?

Oui, les avantages résultant du contrat de mariage au profit de l'un des époux sont à titre onéreux. Cependant l'époux qui a des enfants d'un premier lit ne peut point réaliser au profit de son nouveau conjoint, par la confusion des meubles ou des immeubles, un bénéfice plus grand que la part d'un enfant légitime le moins prenant, et ce bénéfice ne peut même jamais excéder le quart de ses biens.

CHAPITRE II. — Du régime sans communauté.

Qu'est-ce que le régime sans communauté?

Le régime sans communauté est celui qui donne au mari personnellement, pour lui aider à supporter les charges du mariage, la jouissance de tous les biens meubles et immeubles de sa femme, et les bénéfices et gains que celle-ci fait par son travail ou son industrie.

Quels sont, dans le régime sans communauté, les pouvoirs du mari sur les biens de sa femme?

Dans le régime sans communauté, le mari a, sur les biens de sa femme, les mêmes pouvoirs et les mêmes actions que ceux qui lui sont accordés dans la communauté légale sur les biens qui restent personnels à la femme.

Quels sont les droits qui appartiennent à la femme mariée sous le régime sans communauté?

Lors de la dissolution du mariage, de la séparation de biens ou de corps, la femme mariée sous le régime sans communauté a le droit de reprendre tous les biens meubles et immeubles qui lui appartenaient lors du mariage et ceux qui lui sont ensuite advenus par succession, ou par donations entre-vifs et testamentaires.

CHAPITRE III. — Du régime de séparation de biens.

Qu'est-ce que le régime de séparation de biens?

Le régime de séparation de biens est celui dans lequel la femme conserve, en vertu de son contrat de mariage, la jouissance et la libre administration de ses biens.

La femme séparée de biens contribue-t-elle aux charges du mariage?

Oui, la femme séparée de biens contribue aux charges du mariage. S'il n'existe pas de convention spéciale à cet égard dans le contrat notarié, elle contribue à ces charges jusqu'à concurrence du tiers de ses revenus.

La femme séparée de biens peut-elle aliéner ses immeubles et les hypothéquer?

Non ; la femme séparée de biens a besoin de l'autorisation de son mari ou de la justice pour tout acte dépassant les limites de la libre administration.

CHAPITRE IV. — Du régime dotal.

Qu'est-ce que le régime dotal?

Le régime dotal est celui dans lequel les immeubles constitués en dot sont inaliénables, non susceptibles d'hypothèques et imprescriptibles.

Le régime dotal est-il ancien?

Oui, le régime dotal est très-ancien. Il existait chez les Grecs; il a été introduit à Rome vers la fin de la république; il s'est étendu dans toutes les provinces romaines, et il s'est conservé, au moins jusqu'à l'époque du Code Napoléon, dans le midi de la France, où il est encore fréquemment adopté.

Le régime dotal est-il en harmonie avec les principes religieux, politiques et civils de l'unité des époux et de la constitution du mari comme chef et protecteur de la femme et de la famille?

Non, le régime dotal n'élève pas la femme au rang d'une associée égale au mari; il ne resserre pas suffisamment le lien conjugal. Parfaitement approprié aux nécessités des mariages dissolubles des Grecs et des Romains, ce régime ne répond pas suffisamment aux besoins des unions indissolubles de la nation française.

Lorsque les époux se marient sous le régime dotal, quels biens sont dotaux?

La règle générale est, sous le régime dotal, que rien n'est dotal; en d'autres termes, que tous les biens sont *paraphernaux*, c'est-à-dire en dehors de l'apport en dot. En conséquence, la paraphernalité des biens est la règle, et la dotalité est l'exception.

Dans le régime dotal, quels biens sont dotaux?

Les biens dotaux sont, dans le régime dotal, ceux qui ont été donnés par contrat de mariage à la femme, et ceux que la femme a constitués expressément en dot.

La femme peut-elle constituer en dot toute espèce de biens?

Oui, la femme peut, à son gré, constituer en dot une somme d'argent, des créances, des meubles, des immeubles, tous ses biens présents, tous ses biens à venir, ou cumulativement tous ses biens présents et à venir.

La dot peut-elle être augmentée pendant le mariage?

Non; dès que l'union est célébrée, la dot ne peut

être augmentée ni par des conventions entre les époux, ni par des clauses insérées par des tiers dans les donations ou testaments faits au profit de la femme; en effet, c'est uniquement pour faciliter la formation du mariage que la constitution de dot, régie par des dispositions tout exceptionnelles, a été permise.

La dot peut-elle être diminuée pendant le mariage?

Les époux ne peuvent point, pendant le mariage, faire de conventions diminuant le montant de la dot. Mais lorsque la femme a constitué en dot ses biens à venir, les tiers qui lui font des libéralités peuvent valablement dire que les biens donnés ou légués ne deviendront pas dotaux.

La nature de la dot peut-elle être changée pendant le mariage?

Non, la nature de la dot ne peut pas être changée. Si elle est mobilière, elle doit rester mobilière; si elle est immobilière, elle doit rester immobilière. La dot et sa nature sont pour les époux choses sacrées.

Par qui sont administrés les biens paraphernaux?

Les biens paraphernaux restent dans le domaine de la femme, aussi bien pour la jouissance que pour la propriété; en conséquence, c'est la femme elle-même qui les administre.

La femme dont tous les biens sont paraphernaux ne contribue-t-elle pas aux charges du mariage?

Oui, la femme dont tous les biens sont paraphernaux contribue aux charges du mariage, de même que la femme séparée de biens, jusqu'à concurrence du tiers de ses revenus.

Quels sont les droits et les pouvoirs du mari sur les biens dotaux?

Le mari a la jouissance et l'administration des biens dotaux ; il a seul le droit d'intenter toutes les actions relatives à ces biens, tant réelles que personnelles, tant immobilières que mobilières.

Le mari est-il propriétaire de la dot?

Le mari devient propriétaire des choses dotales si elles consistent, soit en argent ou autres choses fongibles, comme du vin, soit en meubles ou créances estimés, soit en immeubles estimés avec déclaration que l'estimation vaut vente ; car, dans ces cas, il est débiteur de sommes. Mais s'il s'agit de meubles ou de créances non estimés, ou bien estimés avec déclaration que l'estimation ne vaut pas vente, ou d'immeubles non estimés ou même estimés quand il n'est pas dit que l'estimation vaut vente, le mari n'en devient pas propriétaire, puisqu'il est tenu de restituer identiquement ces choses.

A quels biens s'applique le principe que « la dot est inaliénable et imprescriptible? »

Le principe que « la dot est inaliénable et imprescriptible, » s'applique incontestablement aux immeubles dotaux. — Quant aux meubles et aux créances non estimés et dont la propriété n'a pas été transférée au mari, il est certain que les tiers possesseurs et débiteurs peuvent prescrire. Mais comme la constitution de biens en dot est ordinairement la conséquence d'une délibération de la famille qui veut, d'une part, mettre la femme à l'abri de sa fragilité et de l'influence que le mari pourrait exercer sur elle, et, d'autre part, conserver efficacement les fruits de la dot au ménage et la dot elle-même à la femme, à ses enfants ou à ses parents, il s'ensuit, ainsi que la jurisprudence le décide d'ailleurs constamment, que la dot mobilière est *inaliénable*, en ce sens que le droit de créance, appartenant à la femme contre son mari pour la restitution de cette dot, ne peut s'éteindre d'aucune manière pendant le mariage; que la femme ne peut, dans ce temps, ni recevoir valablement sa dot mobilière, ni céder son droit de créance contre son mari, ni renoncer à son hypothèque légale, ni contracter des obligations donnant aux créanciers le droit de se faire payer sur la dot, même mobilière. Ainsi, toute la dot est pour la femme chose sacrée pendant le mariage. De là, si elle a constitué en dot tous ses biens présents et à venir, elle est frappée d'une incapacité particulière dont le mari voudrait en vain la relever, puisque cette incapacité est précisément introduite pour paralyser l'effet de son influence, de sa volonté et de son autorisation.

Le principe que l'immeuble dotal est inaliénable souffre-t-il des exceptions?

Oui, l'immeuble dotal est aliénable dans les quatre cas suivants : 1° s'il en a été ainsi convenu par contrat de mariage; 2° pour doter les enfants communs ou ceux d'un premier lit; 3° à titre d'échange contre un autre immeuble qui, d'après estimation d'experts nommés par le tribunal, vaut au moins les quatre cinquièmes de l'immeuble dotal; 4° enfin, cet immeuble peut être aliéné, mais seulement avec autorisation du tribunal et après trois affiches, pour tirer la femme ou le mari de prison, — pour fournir des aliments nécessaires à la famille, — pour payer les dettes de la femme ou des dotateurs, quand elles ont date certaine avant le mariage, — pour faire de grosses réparations à un autre immeuble dotal; — enfin, pour sortir de l'indivision, lorsque l'immeuble, en partie dotal, est reconnu impartageable.

Dans ces divers cas, quel emploi doit recevoir la partie du prix qui excède, par exemple, la somme nécessaire pour tirer le mari de prison?

La partie du prix qui excède la somme nécessaire

doit être employée à l'acquisition d'un immeuble qui devient dotal.

Le principe que l'immeuble dotal est imprescriptible pendant le mariage souffre-t-il des exceptions?

Oui, l'immeuble dotal est prescriptible dans trois cas : 1° si le contrat de mariage le déclare aliénable; 2° si la prescription a commencé à courir avant le mariage; 3° enfin, s'il y a séparation de corps ou de biens.

La femme séparée de biens ou de corps peut-elle, avec l'autorisation de son mari ou de justice, soit contracter des obligations donnant aux créanciers le droit de se faire payer sur les biens dotaux, soit aliéner ses immeubles ou les hypothéquer?

Non; la séparation de biens ou de corps, qui transfère à la femme l'administration et la jouissance des biens dotaux, laisse néanmoins subsister le principe de dotalité et toutes les règles sur la dot.

Si la femme dotale déclare dans l'acte de célébration du mariage qu'elle n'a pas rédigé de contrat notarié, quel est l'effet de cette fausse déclaration?

Lorsque la femme mariée sous le régime dotal déclare dans l'acte de célébration du mariage qu'elle n'a pas rédigé de contrat notarié, ce contrat ne vaut alors que comme simple contre-lettre : il produit ses effets entre les époux, mais il est sans valeur à l'égard des tiers. En conséquence, si la femme, autorisée de son mari, contracte des obligations, aliène ou hypothèque ses immeubles, ces obligations, aliénations ou hypothèques sont aussi valables à l'égard des tiers que si elle était mariée sous le régime de la communauté légale.

A quelle époque le mari est-il tenu de restituer la dot?

Le mari est tenu de restituer la dot lors de la dissolution du mariage ou lors de la séparation de biens ou de corps ; il en doit aussi les intérêts et les fruits à partir de l'un de ces événements, car les intérêts et les fruits de la dot, qui s'acquièrent tout également jour par jour, n'appartiennent au mari que dans la proportion de la durée du mariage.

Le mari jouit-il d'un délai pour restituer la dot?

Le mari a le délai d'un an pour le payement des sommes dotales ; mais il doit rendre immédiatement les choses dont la propriété est restée à la femme.

Qui supporte l'insolvabilité des débiteurs de créances constituées en dot sans estimation?

C'est la femme qui supporte l'insolvabilité des débiteurs de créances constituées en dot sans estimation, car elle reste propriétaire de ces créances. Toutefois, c'est le mari qui supporterait l'insolvabilité, s'il était en faute pour n'avoir pas exigé le payement. Il est même réputé en faute si le mariage a duré dix ans depuis l'époque de l'exigibilité des créances.

La femme mariée sous le régime dotal n'a-t-elle pas, quand elle devient veuve, des droits particuliers?

Oui, la femme mariée sous le régime dotal a le droit, quand elle devient veuve, de réclamer à la succession de son mari la somme nécessaire pour ses habits de deuil et pour son habitation pendant l'année. Elle a aussi le droit de demander, à la place des intérêts de sa dot, des aliments pendant l'année de deuil.

Les époux qui adoptent le régime dotal peuvent-ils convenir qu'il y aura entre eux une communauté d'acquêts?

Oui, la convention qu'il y aura entre les époux mariés sous le régime dotal une communauté d'acquêts est très-fréquente ; elle est d'ailleurs d'une grande utilité, car elle fait naître entre les époux une communauté d'intérêts et de tendances qui n'existe point sous le régime dotal pur et simple.

TITRE VI. — De la vente.

Qu'est-ce que la vente?

La vente est un contrat par lequel une partie s'oblige à livrer une chose, moyennant un certain prix que l'autre partie s'engage à payer.

Comment désigne-t-on les contractants?

Celui qui s'engage à livrer la chose s'appelle vendeur, et celui qui doit payer le prix s'appelle acheteur.

I. Effets. — *Quels effets produit la vente?*

La vente parfaite fait naître entre les parties des obligations réciproques, et elle transfère à l'acheteur la propriété de la chose vendue.

Quand la vente est-elle parfaite?

La vente est parfaite dès que les parties sont tombées d'accord sur la chose et sur le prix.

La règle que la vente est parfaite par le seul accord des parties sur la chose et sur le prix souffre-t-elle des exceptions?

Oui, la règle que la vente est parfaite par le seul accord des parties sur la chose et sur le prix souffre les quatre exceptions suivantes : 1° si les parties s'en réfèrent à la rédaction d'un écrit, la vente n'existe que du moment où l'acte a été rédigé et signé des parties ; 2° si la vente est faite à l'essai pendant un certain temps, elle n'est parfaite que si l'acheteur a agréé la chose ; 3° si la chose est ordinairement goûtée, comme le vin, la vente existe seulement quand la chose a été goûtée ou quand l'acheteur est censé avoir suivi la foi du vendeur ; 4° enfin, si la vente faite avec arrhes n'a pas encore été exécutée, chaque partie a le droit de se dédire et de résoudre par là le contrat, l'acheteur en perdant les arrhes, et le vendeur en les restituant au double.

Quand l'acheteur devient-il propriétaire de la chose vendue?

L'acheteur devient propriétaire de la chose vendue au moment de la convention, alors même que cette chose n'est pas encore livrée ni le prix payé; en conséquence, les risques de détérioration et de perte sont mis dès lors à sa charge. Toutefois, si la chose vendue ne consiste pas en un corps certain et déterminé, mais en genres qui s'apprécient au compte, au poids ou à la mesure, l'acheteur n'en devient propriétaire et ne subit les risques qu'à l'époque où la chose vendue est comptée, pesée ou mesurée.

L'acheteur d'un corps certain et déterminé est-il, par le seul effet de la convention, aussi bien propriétaire à l'égard des tiers qu'à l'égard du vendeur?

Non. Pour devenir propriétaire à l'égard des tiers, il faut, s'il s'agit de meubles, que l'acheteur en ait pris possession, ou du moins que son acte ait acquis date certaine; s'il s'agit d'immeubles, il faut que son acte soit transcrit au bureau des hypothèques de la situation de l'immeuble.

Quels frais sont mis à la charge de chaque partie?

Le vendeur supporte les frais de livraison, et l'acheteur supporte les frais de l'acte, de l'enregistrement et tous autres frais d'acquisition.

Contre qui le notaire, ou tout autre rédacteur de l'acte, peut-il réclamer le payement de ses frais et honoraires?

Comme le rédacteur de l'acte de vente est le mandataire des deux parties, il a une action solidaire contre l'acheteur et contre le vendeur ; mais lui-ci peut, après avoir payé, agir en recours contre son acheteur.

II. CAPACITÉ. — *Qui peut acheter et vendre?*

La règle est que chacun peut acheter et vendre.

La règle que « chacun peut acheter et vendre » souffre-t-elle des exceptions?

Oui, la règle que « chacun peut acheter et vendre » souffre plusieurs exceptions : 1° ceux qui sont incapables de s'obliger, c'est-à-dire les mineurs, les interdits et les femmes mariées ne peuvent, en général, ni acheter ni vendre ; 2° les ventes sont prohibées entre époux ; 3° le tuteur, ou autre administrateur, ne peut pas acheter ce qu'il est chargé de vendre ; 4° enfin, les juges, avocats, notaires, avoués, greffiers et huissiers ne peuvent point acheter les choses litigieuses qui sont de la compétence du tribunal ou de la cour où ils exercent leurs fonctions.

III. OBJET. — *Quelles choses peuvent être vendues?*

Peuvent être vendues toutes les choses susceptibles d'être estimées en argent. Toutefois, le fonds dotal, le droit à une succession non ouverte et la chose d'autrui ne peuvent point être l'objet d'une vente.

IV. OBLIGATIONS DU VENDEUR. — *Quelles sont les obligations du vendeur?*

Les obligations du vendeur sont de livrer la chose vendue avec ses accessoires, et de garantir l'acheteur de l'éviction et des vices cachés.

1. — *Qu'est-ce que la délivrance?*

La délivrance est la remise de la chose vendue entre les mains de l'acheteur, afin qu'il puisse en jouir et en disposer à son gré.

Comment se fait la délivrance?

La délivrance se fait, s'il s'agit de meubles, par leur livraison, et s'il s'agit de fonds de terre, de maisons ou de créances, par la remise des titres à l'acheteur.

Où doit se faire la délivrance?

A défaut de convention à cet égard, la délivrance doit se faire au lieu où était la chose au moment de la vente; mais si la chose vendue consiste en genres, la délivrance se fait au domicile du vendeur.

Le vendeur est-il tenu de livrer la chose à l'acheteur qui ne paye pas le prix?

Non, le vendeur n'est pas tenu de livrer la chose à l'acheteur qui n'offre pas de payer le prix, à moins que la convention n'accorde à l'acheteur un délai pour le payement.

Si le vendeur ne fait pas la délivrance, quels sont les droits de l'acheteur?

Lorsque le vendeur refuse de faire la délivrance, l'acheteur peut s'adresser à la justice pour obtenir, à son gré, soit la délivrance, soit la résolution de la vente, avec dommages-intérêts.

Qu'arrive-t-il si, dans la vente, il y a erreur sur la contenance de l'immeuble?

Quand, dans la vente d'immeuble, il y a erreur sur la contenance, il faut distinguer si l'immeuble est ou non vendu à la mesure. Si l'immeuble est vendu *à tant la mesure*, l'acheteur doit toujours le prix de la mesure réelle. Si, au contraire, l'immeuble est vendu pour un prix unique, l'erreur sur la contenance ne donne lieu à l'augmentation ou à la diminution du prix que s'il existe une différence de plus du vingtième entre la mesure réelle et celle qui est portée au contrat. Dans les deux cas, si la mesure réelle excède de plus du vingtième la mesure déclarée, l'acheteur peut demander la résolution de la vente.

Dans quel délai doit être intentée l'action en augmentation ou en diminution du prix de vente pour erreur sur la contenance?

L'action en augmentation ou en diminution du prix pour erreur sur la contenance doit être intentée dans l'année de la vente.

11. — *Qu'est-ce que la garantie?*

La garantie est le recours que l'acheteur exerce contre son vendeur, soit pour cause d'éviction, soit pour défauts cachés de la chose.

Qu'est-ce que l'éviction?

L'éviction est l'abandon que l'acheteur est forcé de faire de tout ou partie de la chose achetée, parce qu'il y est condamné par jugement rendu sur la demande en revendication intentée par un tiers.

La garantie est-elle de l'essence de la vente?

Non, la garantie n'est pas de l'essence, mais seulement de la nature de la vente. Les parties peuvent augmenter ou diminuer les effets de la garantie légale; elles peuvent même convenir que le vendeur ne sera pas garant.

Quand le vendeur a stipulé qu'il ne sera pas garant, doit-il quelque chose à l'acheteur évincé?

Le vendeur qui a stipulé qu'il ne sera pas garant ne doit à l'acheteur évincé aucuns dommages-intérêts; mais il est tenu de lui restituer le prix qu'il a touché, car il l'a reçu sans cause et indûment.

Y a-t-il des cas où le vendeur n'est pas tenu de restituer le prix qu'il a reçu de l'acheteur évincé?

Oui, le vendeur n'est pas tenu de restituer le prix qu'il a reçu de l'acheteur évincé lorsqu'il a vendu sans garantie et *aux risques et périls de l'acheteur,* ou lorsqu'en vendant sans garantie, il a eu soin d'avertir l'acheteur du danger d'éviction. Dans ces deux cas, la vente prend le caractère de contrat aléatoire, et le vendeur de bonne foi conserve le prix.

S'il n'a rien été dit dans l'acte de vente touchant la garantie, ou s'il a été dit simplement que le vendeur se porte garant, qu'est-ce que l'acheteur évincé peut demander à son vendeur?

Dans le cas de garantie légale, l'acheteur évincé peut demander à son vendeur : 1° le prix payé; 2° les frais et loyaux coûts du contrat; 3° les fruits qu'il a restitués au revendiquant; 4° les frais du procès, pourvu qu'il ait appelé son vendeur en garantie; 5° les dépenses nécessaires et utiles qu'il a faites à la chose achetée; 6° enfin la réparation du préjudice que lui cause l'éviction.

Lorsque la chose a des vices cachés, par quelles actions l'acheteur peut-il agir contre son vendeur?

En cas de vices cachés, l'acheteur peut, à son gré, agir contre son vendeur en diminution de prix ou bien en résolution de la vente avec dommages-intérêts?

La loi ne détermine-t-elle pas les vices rédhibitoires qui ont lieu dans les ventes d'animaux?

Oui; la loi détermine, relativement à l'espèce chevaline, à l'espèce bovine et à l'espèce ovine, certains vices rédhibitoires, c'est-à-dire donnant lieu à la résolution de la vente.

Quels sont les vices rédhibitoires concernant le cheval, l'âne et le mulet.

Les vices rédhibitoires concernant le cheval, l'âne et le mulet, sont : la fluxion périodique des yeux, l'épilepsie ou mal caduc, la morve, le farcin, les maladies anciennes de poitrine ou vieilles courbatures, l'immobilité, la pousse, le cornage chronique, le tic sans usure des dents, les hernies inguinales intermittentes et la boiterie intermittente pour cause de vieux mal?

Quels sont les vices rédhibitoires concernant l'espèce bovine?

Les vices rédhibitoires concernant l'espèce bovine sont : la phthisie pulmonaire ou pommelière, l'épilepsie ou mal caduc, les suites de la non-délivrance et le renversement du vagin ou de l'utérus après le part chez le vendeur.

Quels sont les vices rédhibitoires concernant l'espèce ovine?

Les vices rédhibitoires concernant l'espèce ovine, sont : la clavelée et le sang de rate.

Dans quel délai doit être intentée l'action rédhibitoire?

L'action rédhibitoire, qui est dispensée du préliminaire de conciliation, doit être intentée et le vice doit être constaté dans le délai de neuf jours à partir du contrat; mais il est de trente jours quand il s'agit de fluxion périodique des yeux, d'épilepsie ou mal caduc.

Le délai de l'action rédhibitoire n'est-il pas augmenté à raison des distances?

Oui, le délai de l'action rédhibitoire est augmenté d'un jour par cinq myriamètres de distance entre le domicile du vendeur et le lieu où l'animal se trouve.

V. Obligations de l'acheteur. — *Quelle est la principale obligation de l'acheteur?*

La principale obligation de l'acheteur est de payer le prix convenu.

Les intérêts du prix de la vente courent-ils de plein droit?

Non; en général, les intérêts du prix de la vente ne courent contre l'acheteur qu'en vertu d'une convention spéciale à cet égard, ou bien à partir de la sommation que le vendeur lui fait, par le ministère d'un huissier, de satisfaire au payement. Toutefois, les intérêts courraient de plein droit, à partir du jour du contrat, si la chose vendue était, d'après sa destination, productive de fruits naturels, industriels ou civils.

Où le prix de vente doit-il être payé?

Le prix de vente doit être payé, s'il n'y a convention contraire, au lieu et au moment où se fait la délivrance de la chose, ou bien, quand il y a terme, au domicile de l'acheteur.

Que peut faire le vendeur non payé?

Le vendeur non payé peut demander en justice, à son gré, ou le payement du prix, ou la résolution de la vente avec dommages-intérêts.

La vente de denrées et d'effets mobiliers n'est-elle résolue que par jugement?

La vente de denrées et d'effets mobiliers est résolue de plein droit, au profit du vendeur, par l'expiration du délai fixé pour le retirement.

N'existe-t-il pas des causes de résolution particulières à la vente?

Oui, il existe deux causes de résolution particulières à la vente; ces causes sont la faculté de rachat ou réméré et la lésion.

VI. RACHAT OU RÉMÉRÉ. — *Qu'est-ce que la faculté de rachat?*

La faculté de rachat est le droit que, par une clause de l'acte, le vendeur se réserve de reprendre la chose mobilière ou immobilière qu'il a vendue, en remboursant à l'acheteur le prix payé, les frais du contrat et les dépenses nécessaires et utiles.

Pendant quel délai le vendeur peut-il se réserver la faculté de rachat?

Le vendeur peut se réserver la faculté de rachat

pendant cinq ans au plus : tout délai plus long est réduit à ce terme.

Quel effet se produit lorsque le vendeur exerce la faculté de rachat?

Lorsque le vendeur exerce la faculté de rachat, il est considéré comme n'ayant jamais cessé d'être propriétaire de la chose vendue. En conséquence, si l'acheteur à réméré a vendu l'immeuble ou l'a grevé d'hypothèques ou autres charges, ces actes deviennent nuls, parce qu'ils sont considérés comme consentis sur une chose appartenant à autrui.

VII. LÉSION. — *La lésion est-elle, en général, une cause de résolution de la vente?*

Non, la lésion n'est pas, en général, une cause de résolution de la vente. Quand elle existe dans une vente de meubles, elle ne donne jamais lieu à la résolution, si ce n'est en faveur du mineur qui, à raison de son incapacité, peut faire annuler les actes quelconques qui lui causent du préjudice. Cependant elle donne lieu à la résolution de la vente d'immeuble, mais seulement en faveur du vendeur qui a été lésé de plus des sept douzièmes de la valeur qu'avait, au moment du contrat, l'immeuble vendu.

Quel est le délai de l'action en résolution pour cause de lésion dans la vente d'immeuble?

Le délai de l'action en résolution pour cause de lésion dans la vente d'immeuble est de deux ans, qui courent du jour de la vente.

VIII. LICITATION. — *Qu'est-ce que la licitation?*

La licitation est la vente aux enchères d'une chose appartenant par indivis à plusieurs personnes.

Les étrangers, c'est-à-dire les non-copropriétaires,

sont-ils admis à se rendre adjudicataires des biens mis aux enchères?

Oui ; en général, les enchères sont publiques et les étrangers sont admis à se rendre adjudicataires. Toutefois, si les héritiers majeurs et capables conviennent tous que les enchères ne seront pas publiques et que les étrangers seront exclus, cette convention produit son effet.

La licitation est-elle déclarative de la propriété?

Oui, de même que le partage, la licitation est déclarative de la propriété quand l'un des copropriétaires devient adjudicataire. Mais, au contraire, elle est translative de propriété, si l'adjudication se fait au profit d'un étranger.

IX. TRANSPORT DES CRÉANCES ET AUTRES CHOSES IN-CORPORELLES. — *Comment appelle-t-on la vente d'une créance ou autre chose incorporelle?*

On appelle la vente d'une créance ou autre chose incorporelle, tantôt *cession*, tantôt *transport*, et tantôt *transport-cession*.

Comment nomme-t-on les parties qui figurent dans une cession?

On nomme le vendeur *cédant;* l'acheteur, *cessionnaire*. Le débiteur de la créance vendue est désigné par le nom de *cédé*.

Quand la cession est-elle parfaite?

La cession est parfaite, comme la vente des choses corporelles, quand il y a consentement des parties sur la chose et sur le prix.

A quoi le cédant est-il obligé?

Le cédant est obligé à livrer les titres et à garantir l'existence de la créance. Mais il ne garantit point la solvabilité du débiteur, à moins qu'il n'ait promis expressément cette garantie.

*La cession parfaite rend-elle le cessionnaire pro-
priétaire du droit de créance à l'égard des tiers ?*

Non, la cession parfaite ne rend point le cessionnaire propriétaire du droit de créance à l'égard des
tiers. Pour produire cet effet, il faut que la cession
soit suivie de l'accomplissement de certaines conditions qui varient selon la nature du titre : 1° s'il
s'agit de créance au porteur, comme les billets de
banque et la plupart des obligations et actions de
chemins de fer, le cessionnaire en devient propriétaire par la simple remise du titre ; 2° s'il s'agit de
rentes sur l'État ou de titres nominatifs dans une
compagnie, par exemple, de chemin de fer, le cessionnaire en devient propriétaire par un transfert
sur les registres ; 3° s'il s'agit de titres à ordre,
comme les lettres de change et les billets à ordre,
le cessionnaire en devient propriétaire par un en-
dossement régulier ; 4° enfin, s'il s'agit de créance
ordinaire, c'est-à-dire nominative et sans clause
d'ordre, le cessionnaire en devient propriétaire seulement lorsqu'il signifie son acte de cession au débiteur cédé, ou lorsque celui-ci accepte la cession
dans un acte authentique.

*Si, avant la signification de la cession, le cédant
reçoit le payement ou si ses créanciers forment, entre
les mains du cédé, des saisies-arrêts, ces actes sont-
ils valables ?*

Oui ; tant que la cession n'est pas signifiée, le
payement fait par le cédé au cédant, et les saisies-
arrêts formées par les créanciers de celui-ci sont
valables à l'égard du cessionnaire ; mais ces actes
seraient nuls s'ils n'étaient faits qu'après la signification de la cession. En conséquence, le cédé auquel la cession est signifiée doit, s'il a fait quelques
payements, se hâter d'en avertir le cessionnaire ou
de faire enregistrer ses quittances.

Quels sont les droits du cessionnaire d'une hérédité ?

Le cessionnaire d'une hérédité a, du moins vis-à-vis du cédant, les mêmes droits que s'il eût succédé lui-même au défunt.

N'existe-t-il pas une disposition particulière relativement à la cession d'une créance litigieuse, c'est-à-dire sur l'existence de laquelle il y a procès et contestation sur le fond du droit?

Oui ; dans le cas de cession d'une créance litigieuse, la loi donne au cédé le *retrait litigieux,* c'est-à-dire le droit de se faire tenir quitte en remboursant au cessionnaire le prix de la cession et les frais de cet acte. Mais le retrait litigieux ne peut point être exercé par le cédé contre le cessionnaire qui est cohéritier du cédant, qui est copropriétaire ou possesseur du droit cédé, ou qui a reçu le droit litigieux à titre de payement.

TITRE VII. — DE L'ÉCHANGE.

Qu'est-ce que l'échange?

L'échange est un contrat par lequel deux parties conviennent de se donner réciproquement une chose pour une autre.

L'échange est-il soumis à des règles particulières?

Non : l'échange n'est soumis à aucune règle particulière : on applique à ce contrat les règles de la vente, avec laquelle il a une grande analogie.

TITRE VIII. — DU CONTRAT DE LOUAGE.

Combien y a-t-il de sortes de louage?

Il y a deux sortes de louage : 1° le louage de choses ; 2° le louage d'ouvrage.

§ 1er. — Du louage de choses.

Qu'est-ce que le louage de choses?

Le louage de choses, appelé aussi *bail*, est un contrat par lequel une personne s'oblige à procurer à une autre personne la jouissance d'une chose pendant un temps déterminé, moyennant un certain prix que celle-ci s'oblige à payer.

Quelles choses peut-on louer?

On peut louer toute sorte de choses, meubles ou immeubles.

Comment appelle-t-on ceux qui figurent dans le louage?

Celui qui s'engage à procurer la jouissance de la chose s'appelle *locateur* ou *bailleur*. Celui qui s'oblige à payer le prix s'appelle *preneur;* il est aussi désigné sous le nom de *locataire*, s'il s'agit de maisons, ou sous le nom de *colon partiaire* ou de *fermier*, s'il s'agit de ferme.

Y a-t-il de la différence entre la vente et le louage?

Oui, il y a entre la vente et le louage une remarquable différence : dès que la vente existe, le vendeur a droit à tout le prix, et l'acheteur devient généralement aussitôt propriétaire de la chose ; tandis que le locateur n'acquiert de droit au prix qu'au fur et à mesure qu'il procure la jouissance, et le preneur ne devient jamais propriétaire de la chose louée.

Quels sont les baux les plus importants?

Les baux les plus importants sont le bail de maison et le bail à ferme.

Le bail de maison et le bail à ferme sont-ils en tout soumis aux mêmes règles?

Non; quoiqu'ils aient des règles communes, ils ont chacun des règles particulières.

I. **Règles communes au bail de maison et au bail a ferme.** — *Quand le bail est-il parfait?*

Le bail est parfait, de même que la vente et la plupart des autres contrats, par le seul consentement des parties.

Comment le bail peut-il être prouvé?

Le bail peut être prouvé par toute espèce d'écrit. Mais, par dérogation à la règle ordinaire, la preuve testimoniale du bail verbal qui n'a pas reçu de commencement d'exécution, n'est jamais admise, quelque modique qu'en soit le prix; toutefois, le serment peut être déféré à celui qui nie le bail.

Comment le juge termine-t-il la contestation qui s'élève entre le bailleur et le preneur sur le prix du bail dont l'exécution a commencé, et dont il n'y a pas encore de quittance?

Le juge termine la contestation qui s'élève entre les parties sur le prix du bail, en déférant le serment au bailleur, à moins que le preneur ne demande une expertise. Dans ce dernier cas, si l'estimation des experts dépasse le prix déclaré par le preneur, celui-ci supporte entièrement les frais d'expertise, mais il ne paye que le prix d'estimation.

Qu'entend-on par sous-louer?

Par *sous-louer* on entend l'acte par lequel le preneur loue une partie de la chose qu'il a prise à bail.

Qu'entend-on par céder son bail?

Par *céder son bail* on entend l'acte par lequel le preneur loue toute la chose qu'il a prise à bail.

Le preneur a-t-il, en général, le droit de sous-louer et de céder son bail?

Oui, le preneur peut, à son gré, sous-louer ou céder son bail, si une clause formelle du contrat ne lui interdit pas cette faculté. Mais, malgré la sous-location ou la cession, il reste obligé envers le bailleur, à moins que celui-ci ne l'ait déchargé en termes exprès, et notamment en acceptant à sa place le cessionnaire du bail.

De quelles obligations est tenu le bailleur?

Le bailleur est tenu : 1° de livrer au preneur la chose louée en bon état et exempte de vices cachés qui en empêchent l'usage ; 2° de réparer et d'entretenir la chose pendant la durée du bail ; 3° de garantir le preneur de tout trouble de droit, c'est-à-dire de trouble causé par des personnes qui invoquent quelque droit sur la chose louée.

De quelles obligations est tenu le preneur?

Le preneur est tenu : 1° de payer le prix du bail au terme fixé par la convention ou, à défaut, par l'usage du lieu ; 2° d'user de la chose en bon père de famille, suivant la destination qui lui est donnée par le bail.

Lorsque la maison louée périt par cas fortuit, sur qui retombe la perte?

Lorsque la maison louée vient à périr par cas fortuit, la perte retombe sur le propriétaire : alors les obligations des parties s'évanouissent pour l'avenir ; le preneur ne doit donc au bailleur le prix du bail que proportionnellement au temps de sa jouissance.

Quand la maison périt par incendie, la perte retombe-t-elle sur le propriétaire?

Non. L'incendie de la maison est présumé provenir de la négligence des locataires ; en conséquence, ils sont tenus, même solidairement, envers le propriétaire à la réparation du préjudice que l'incendie lui a causé.

Le locataire de la maison incendiée peut-il échap-

per à la présomption de faute qui le rend responsable de l'incendie de la maison?

Oui, le locataire de la maison incendiée échappe à la rigueur de la présomption de faute et à la responsabilité, s'il prouve que le feu n'a pu commencer chez lui, ou bien que l'incendie est arrivé par cas fortuit, par vice de construction ou par communication de l'incendie qui a pris dans une maison voisine.

Comment finit le bail?

Le bail finit des cinq manières suivantes : 1° par la convention expresse des parties ; 2° par l'expiration du temps fixé par écrit, ou, s'il s'agit de bail rural, par l'expiration du temps pour lequel le bail est censé fait ; 3° par un congé donné par l'une des parties, lorsqu'il s'agit d'un bail de maison non écrit ; 4° par la perte de la chose louée ; 5° enfin, par la résolution judiciairement prononcée pour cause d'inexécution des obligations de l'une des parties.

Le preneur peut-il opposer aux tiers, et notamment aux créanciers hypothécaires, son bail ayant date certaine et ses payements anticipés?

Oui, le preneur peut opposer aux tiers son acte de bail ayant date certaine lorsqu'il n'excède pas une durée de dix-huit ans, et ses payements anticipés, lorsqu'ils sont faits pour un temps qui n'excède pas trois ans. Pour produire leur entier effet, il faut que le bail excédant dix-huit ans et les payements anticipés pour plus de trois ans soient transcrits au bureau des hypothèques de la situation de l'immeuble loué.

L'acheteur est-il tenu de respecter le bail consenti par son vendeur?

Non, l'acheteur n'est point tenu de respecter le bail consenti par son vendeur. Cependant il ne peut pas expulser le preneur qui est en possession et dont le bail a obtenu date certaine avant la transcription de l'acte de vente.

Quel est l'effet de la clause par laquelle le bailleur s'est réservé le droit d'expulser le preneur en cas de vente?

La clause par laquelle le vendeur s'est réservé le droit d'expulser le preneur en cas de vente, donne à l'acheteur la faculté d'expulser le preneur dont l'acte a date certaine, en l'avertissant à l'avance conformément à l'usage des lieux; mais, s'il exerce cette faculté, il doit payer au preneur, à titre d'indemnité, le prix du loyer pour le temps qui court entre le congé et la sortie, ou, s'il s'agit de bail rural, le tiers du prix de bail pour tout le temps qui reste à courir.

Quand le bail est fini, ne peut-il pas se former tacitement un nouveau bail?

Oui, lorsque le bail est fini, un nouveau bail se forme par *tacite reconduction* lorsque le preneur reste en possession de la chose louée et que le bailleur le laisse en possession. Ce bail a pour objet la même chose et le même prix; mais sa durée est illimitée et ne cesse que par un congé, s'il s'agit de maison, tandis que, s'il s'agit d'un bien rural, il a la durée nécessaire pour la récolte de tous les fruits.

II. RÈGLES PARTICULIÈRES AU BAIL A LOYER. — *Les règles particulières au bail à loyer sont-elles nombreuses?*

Non, les règles particulières au bail à loyer sont seulement au nombre de deux : 1° le preneur est tenu de garnir la maison de meubles suffisants pour garantir le payement des loyers, ou bien de donner un supplément de bonnes sûretés; 2° il est aussi tenu de faire les réparations appelées *locatives*, à moins qu'il ne prouve que les pertes et détériorations existaient déjà lors de son entrée en jouissance, ou qu'elles sont arrivées pendant le bail par vétusté ou par force majeure.

Quelles sont les réparations locatives?

Les réparations locatives ou de menu entretien sont celles qui concernent, par exemple, les portes, les croisées, les vitres, les targettes, les serrures, les carreaux, pavés et parquets des chambres et le recrépiment des murailles jusqu'à la hauteur d'un mètre.

Existe-t-il contre le locataire une présomption que les lieux loués étaient, lors de son entrée en jouissance, dans un bon état de réparations locatives?

Oui; le bailleur étant tenu de livrer les lieux loués en bon état de réparations de toute espèce, le fait de l'entrée en possession par le preneur établit la présomption que le bailleur a rempli cette obligation, notamment en ce qui concerne les réparations locatives. Pour faire cesser une pareille présomption, lorsqu'elle ne serait pas conforme à la vérité, le preneur doit avoir bien soin de faire, avant son entrée en possession, un état des lieux et de le faire signer par le bailleur. Cet état des lieux mentionne seulement les choses cassées, détériorées, usées ou en mauvais état.

Le bailleur a-t-il le droit de se faire payer de ce qui lui est dû sur le prix des meubles du sous-locataire?

Oui, le bailleur a le droit de se faire payer de ce qui lui est dû sur le prix des meubles du sous-locataire, mais seulement jusqu'à concurrence de la somme que celui-ci doit au locataire.

III. RÈGLES PARTICULIÈRES AU BAIL A FERME. — *N'existe-t-il pas deux espèces de bail rural?*

Oui, il existe deux espèces de bail rural : 1° le colonat partiaire, qui constitue une sorte de société ayant pour objet le partage des fruits du fonds entre le bailleur et le colon ; 2° le bail ordinaire, qui attribue tous les fruits du fonds au fermier, moyennant une certaine somme qu'il doit payer un bailleur.

Le colon partiaire peut-il céder son bail et sous-louer?

Non, le colon partiaire ne peut ni céder ni sous-louer ; car, en traitant avec lui, le bailleur a pris en considération son travail, sa probité et surtout la facilité des bonnes relations.

Quelles sont, dans le bail ordinaire de bien rural, les obligations particulières au fermier?

Les obligations particulières au fermier sont · 1° de garnir le fonds de bestiaux et d'ustensiles nécessaires à l'exploitation ; 2° de cultiver en bon père de famille ; 3° d'engranger les récoltes dans les lieux destinés à cet effet ; 4° d'avertir au plus tôt le bailleur des usurpations que des tiers auraient commises sur le fonds ; 5° enfin, de laisser au fermier entrant les facilités et logements convenables pour les travaux de l'année suivante.

Si le preneur d'un bien rural ne récolte rien, doit-il néanmoins tout le prix du bail?

Non ; lorsqu'il y a perte de la récolte non encore séparée du fonds et que cette perte est de plus de moitié d'une année ordinaire, il y a lieu, en faveur du fermier, à une diminution proportionnelle du prix de bail. Mais si le bail est fait pour plusieurs années, il s'opère entre elles une sorte de compensation et il n'y a lieu à la diminution du prix de bail que dans le cas où, compensation faite de toutes les récoltes, la moyenne ne s'élève pas à la moitié d'une année ordinaire.

Les parties peuvent-elles convenir que si la récolte périt par cas fortuit, le fermier n'aura cependant droit à aucune diminution du prix de bail?

Oui, la convention portant que le fermier ne pourra, en cas de perte de la récolte par cas fortuit, demander aucune diminution du prix de bail, est licite et valable. Mais cette convention est censée, à moins d'expressions contraires, se référer seulement aux cas fortuits ordinaires, tels que grêle, feu du ciel, gelée et coulure.

Quelle est la durée du bail rural fait sans écrit?

La durée du bail rural fait sans écrit est celle du temps nécessaire pour que le preneur puisse recueillir tous les fruits du fonds ; de là, s'il s'agit de terres labourables qui se divisent par soles ou saisons, le bail est censé fait pour autant d'années qu'il y a de soles ; s'il s'agit de vignes ou de prés, le bail est censé fait pour une année.

§ 2. — Du louage d'ouvrage et d'industrie.

Dans le bail d'ouvrage ou d'industrie, quel est le bailleur?

Dans le bail d'ouvrage ou d'industrie, le bailleur est celui qui touche le prix, tandis que le preneur est celui qui paye le prix.

Combien y a-t-il de sortes de bail d'ouvrage et d'industrie?

Il y a cinq sortes de bail d'ouvrage et d'industrie, qui sont : 1° le louage de domestiques et ouvriers ; 2° l'apprentissage ; 3° le louage de voituriers, tant par terre que par eau ; 4° le louage des entrepreneurs d'ouvrage ; 5° enfin, le bail à cheptel.

1. LOUAGE DE DOMESTIQUES ET OUVRIERS. — *Peut-on convenir qu'un domestique restera toute sa vie au service d'une personne?*

Non ; la loi annule, comme contraire à la liberté, la convention par laquelle un domestique s'engage pour toute sa vie.

S'il s'élève une contestation entre le maître et le domestique, relativement à la quotité des gages, au payement du salaire de l'année échue, ou à l'à-compte sur l'année courante, comment le juge la décide-t-il?

Pour décider la contestation élevée entre le maître et le domestique relativement à la quotité des gages, au payement de l'année échue et aux à-compte sur l'année courante, le juge s'en réfère à l'affirmation du maître.

II. APPRENTISSAGE. — *Qu'est-ce que le contrat d'apprentissage?*

Le contrat d'apprentissage est celui par lequel un maître-ouvrier s'engage à initier dans son art une personne ordinairement jeune, à condition que celle-ci l'aidera dans son travail.

Comment le contrat d'apprentissage est-il parfait?

Quoiqu'il intervienne ordinairement un écrit, le contrat d'apprentissage est parfait par le seul consentement des parties; mais, dans tous les cas, chaque contractant conserve pendant les deux premiers mois, qui constituent un temps d'essai, la faculté de résoudre le contrat sans indemnité.

Quelles sont les obligations du maître?

Les obligations du maître sont : 1° d'enseigner graduellement son art à l'apprenti et de ne pas lui imposer un ouvrage au-dessus de ses forces; 2° d'employer l'apprenti seulement à des travaux de son art; 3° d'avertir les parents de l'enfant qui commet des fautes graves, qui s'absente ou qui tombe malade; 4° de ne pas faire travailler plus de dix heures l'enfant au-dessous de douze ans, ni plus de douze heures l'enfant au-dessous de seize ans; 5° de ne pas employer l'enfant au-dessous de seize ans avant cinq heures du matin ni après neuf heures du soir; 6° de ne pas faire travailler les apprentis les dimanches et jours de fête, si ce n'est jusqu'à dix heures pour ranger l'atelier ; 7° de laisser à l'apprenti qui n'a pas encore seize ans et qui ne sait ni lire ni écrire, ou qui n'a pas reçu d'éducation religieuse, deux heures par jour pour compléter son instruction ; 8° enfin, de délivrer, à la fin de l'apprentissage, un certificat constatant que l'apprenti a exécuté ses obligations.

Quelles sont les obligations de l'apprenti?

Les obligations de l'apprenti sont : 1° de respecter son maître, de lui obéir et de l'aider dans son travail ; 2° de rester chez son maître pendant le délai convenu et de remplir le temps qu'il n'a pas employé par suite de maladie ou d'absence ayant duré plus de quinze jours.

Comment est résolu le contrat d'apprentissage?

Le contrat d'apprentissage est résolu : 1° par la mort du maître ou de l'apprenti, ou bien par l'appel de l'un d'eux sous les drapeaux ; 2° par la condamnation du maître ou de l'apprenti à plus de quinze jours de prison ; 3° par le changement de domicile du maître qui va s'établir dans une autre commune ; 4° enfin, par l'inexécution des obligations de l'une des parties.

III. VOITURIERS PAR TERRE ET PAR EAU. — *De quels soins est tenu le voiturier?*

Le voiturier est tenu d'apporter à la conservation de la chose qui lui a été confiée les soins d'un bon père de famille.

Le voiturier est-il responsable des pertes et des avaries?

Oui, le voiturier est responsable des pertes et des avaries, car il est présumé en faute ; mais sa responsabilité cesse s'il prouve que les pertes et avaries ont été causées par force majeure.

Les compagnies de chemins de fer peuvent-elles, au moyen de l'insertion d'une clause dans les bulletins délivrés au voyageur, limiter leur responsabilité?

Non, la clause que les compagnies de chemins de fer insèrent dans leurs bulletins pour limiter leur responsabilité est nulle ; en conséquence, le voyageur peut réclamer la valeur entière de ses effets perdus.

IV. ENTREPRENEURS D'OUVRAGES PAR SUITE DE DEVIS ET MARCHÉS. — *Qu'est-ce qu'un devis?*

Le devis est un écrit contenant l'état détaillé d'ouvrages à faire pour l'exécution d'une entreprise, avec l'indication des prix qu'ils doivent coûter. Cet état est dressé par un homme de l'art.

Qu'est-ce qu'un marché?

Le marché est la convention par laquelle un entrepreneur d'ouvrage s'engage à faire des travaux pour une personne, moyennant un prix que celle-ci s'oblige à payer.

Quand la chose travaillée périt par cas fortuit avant la livraison, par qui la perte est-elle supportée?

La perte de la chose travaillée, lorsqu'elle arrive avant la livraison, est supportée par l'ouvrier s'il fournit la matière ; mais s'il ne fournit que son travail, il perd le prix de son travail, et la perte de la matière est subie par le maître.

L'architecte et l'entrepreneur restent-ils, après la livraison, responsables de l'édifice construit à prix fait?

Oui ; l'architecte et l'entrepreneur sont responsables des ouvrages construits à prix fait pendant les dix ans qui suivent leur réception ; en conséquence, si, dans ce délai, l'édifice périt par vice de construction, par vice des matériaux ou par vice du sol, ils sont solidairement tenus de dommages-intérêts envers le propriétaire.

L'entrepreneur ou l'architecte qui s'est chargé, à prix fait, de la construction d'un bâtiment, a-t-il droit à une augmentation de prix lorsqu'il a fait au plan des changements et améliorations?

Non, les changements que l'entrepreneur fait au plan ne donnent point lieu à l'augmentation du prix convenu pour la construction, s'il n'est pas intervenu entre lui et le propriétaire une convention écrite qui fixe les changements et le prix supplémentaire.

L'ouvrier qui n'est pas payé par l'entrepreneur, peut-il demander directement son payement au propriétaire?

Oui ; l'ouvrier qui n'est pas payé peut demander directement son payement au propriétaire ; mais celui-ci n'est jamais tenu de lui payer plus qu'il ne doit à l'entrepreneur.

Comment se dissout le contrat de louage d'ouvrage?

Le contrat de louage d'ouvrage se dissout : 1° par la mort de l'entrepreneur ; 2° par la volonté du propriétaire qui consent à payer à l'entrepreneur le montant de ce que celui-ci eût gagné ; 3° par l'inexécution de l'obligation de l'un des contractants.

V. BAIL A CHEPTEL. — *Qu'entend-on par cheptel?*

On entend par cheptel un fonds de bétail qu'une personne remet à une autre sous certaines conditions.

Combien y a-t-il de sortes de cheptel?

Il y a quatre sortes de cheptel : 1° le cheptel simple ; 2° le cheptel à moitié ; 3° le cheptel donné au fermier; 4° enfin, le contrat appelé improprement cheptel.

I. — *Qu'est-ce que le cheptel simple?*

Le cheptel simple est un contrat par lequel une personne s'oblige à remettre à une autre un fonds de bétail que celle-ci promet de garder, de nourrir et de soigner, sous la condition qu'il y aura entre elles partage des bénéfices et des pertes.

Quelles sont les parts de chaque contractant dans les bénéfices et dans les pertes?

Les parts de chaque contractant dans les bénéfices et dans les pertes sont égales, s'il n'y a pas de convention contraire. Toutefois, le bailleur supporte seul la perte totale du cheptel quand elle est arrivée par cas fortuit.

Peut-on insérer dans le contrat de cheptel simple toute sorte de clauses?

Oui, on peut insérer dans le contrat de cheptel simple toute sorte de clauses. Cependant, on ne peut pas convenir que le preneur supportera seul toute la perte du cheptel, arrivée par cas fortuit, ni qu'il aura dans la perte une part plus grande que dans le profit, ni enfin que le bailleur prélèvera, lors du partage, quelque chose de plus que la valeur du cheptel qu'il a fourni.

Quelle est la durée du cheptel simple?

La durée du cheptel simple est de trois ans, s'il n'existe pas de convention contraire.

Quand le bail à cheptel simple est fini, comment se fait le partage?

A la fin du cheptel simple, le bailleur prélève des têtes du troupeau jusqu'à concurrence de l'estimation primitive; ensuite, l'excédant se partage. Si la valeur du troupeau est inférieure à l'estimation primitive, le bailleur le prend tout, et le déficit est supporté par les deux parties.

II. — *Qu'est-ce que le cheptel à moitié?*

Le cheptel à moitié est une sorte de société dans laquelle le preneur fournit la moitié des bestiaux.

Les règles du cheptel simple sont-elles applicables au cheptel à moitié?

Oui, on applique au cheptel à moitié les règles du cheptel simple; mais le preneur a essentiellement, dans le cheptel à moitié, tout le laitage, le fumier, le travail des bêtes et au moins la moitié de la laine et du croît.

III. — *Qu'est-ce que le cheptel donné au fermier?*

Le cheptel donné au fermier est un contrat par lequel le propriétaire |d'une métairie, garnie de bestiaux, la donne à ferme, en stipulant qu'à la fin du bail le preneur laissera des bestiaux d'une valeur égale à l'estimation de ceux qu'il reçoit.

Quel est, dans le cheptel donné au fermier, l'effet de l'estimation du cheptel?

L'estimation du cheptel donné au fermier ne transfère pas à celui-ci la propriété du cheptel, mais elle lui en attribue tous les profits et toutes les pertes, et lui confère le droit de disposer de quelques têtes, à la charge de les remplacer.

IV. — *Qu'est-ce que le contrat appelé improprement* cheptel?

Le contrat appelé improprement *cheptel* est celui par lequel le bailleur livre une ou plusieurs vaches au preneur qui s'engage à les loger et à les nourrir.

Quels sont, dans le contrat appelé improprement cheptel, *les droits de chaque contractant?*

Dans le contrat appelé improprement *cheptel*, le preneur, qui est ordinairement un vigneron, a tous les profits qu'il tire des vaches, tandis que le bailleur a la totalité des veaux qui naissent des vaches données à cheptel.

TITRE IX. — Du contrat de société.

Qu'est-ce que la société?

La société est un contrat par lequel deux ou plusieurs personnes conviennent de mettre chacun en commun de l'argent, d'autres biens ou leur industrie, dans la vue de partager les bénéfices qui peuvent en résulter.

Comment le contrat de société est-il parfait?

Le contrat de société est parfait par le seul consentement des parties ; mais la preuve testimoniale de son existence n'est pas admise si le montant des apports excède la valeur de 150 fr.

Quand naît la société?

La société naît au moment de la convention, si les parties ne fixent pas le commencement de son existence à une autre époque.

La société constitue-t-elle une personne morale, un être juridique?

Oui, la société constitue une personne. En effet, elle a un actif et un passif qui lui sont propres ; de là, tant qu'elle dure, le droit des associés est purement mobilier, alors même que la société ne comprendrait que des immeubles.

Quelle est la conséquence la plus importante du principe que la société constitue une personne?

La conséquence la plus importante du principe que la société constitue une personne est que les créanciers sociaux sont payés sur les biens de la société par préférence aux créanciers personnels des associés.

1. Diverses sociétés. — *Comment divise-t-on les sociétés?*

On divise les sociétés en sociétés universelles et en sociétés particulières.

Combien y a-t-il de sociétés universelles?

Il y a deux sociétés universelles : celle de tous biens présents et celle de gains.

Qu'est-ce que la société universelle de tous biens présents?

La société universelle de tous biens présents est celle qui comprend tous les biens, meubles et immeubles qu'ont les associés lors du contrat, et les bénéfices qui peuvent en résulter.

Peut-on convenir que les biens qui arriveront aux associés par successions, donations et legs, tomberont dans la société de tous biens présents?

Non ; la convention portant que les biens à venir tomberont dans la société n'est valable qu'entre époux. Toutefois, les associés peuvent convenir que les gains qu'ils feront et la jouissance de leurs biens à venir tomberont dans la société universelle de tous biens.

Qu'est-ce que la société universelle de gains?

La société universelle de gains est celle qui comprend tous les meubles présents des associés, la jouissance de leurs immeubles, et les gains et bénéfices résultant de leur travail et de leur industrie.

La société universelle de biens ou de gains est-elle permise entre toutes personnes?

Non ; ceux entre lesquels les donations sont prohibées, et auxquels il est défendu de s'avantager au préjudice d'autres personnes, ne peuvent point contracter ensemble de société universelle soit de biens, soit de gains. Ainsi, le père ne peut faire une pareille société ni avec son enfant naturel ni, s'il a plusieurs enfants légitimes, avec l'un d'eux; lorsqu'il forme une société particulière avec l'un de ses enfants, il est même nécessaire que la convention soit constatée par acte authentique.

Qu'est-ce que la société particulière?

La société particulière est celle qui comprend des sommes d'argent, la propriété, la jouissance ou l'usage de certains meubles ou immeubles, ou bien l'exercice de quelque métier ou profession.

II. ENGAGEMENTS DES ASSOCIÉS. — *L'associé qui ne réalise pas son apport dans le temps convenu, ou qui prend dans la caisse commune des sommes pour son utilité particulière, en doit-il de plein droit les in-térêts?*

Oui; l'associé qui est en retard de réaliser son apport ou qui prend dans la caisse commune des sommes pour son utilité particulière, en doit de plein droit les intérêts. Bien plus, comme il viole son devoir d'associé, il peut être condamné à de plus amples dommages-intérêts.

Quels soins l'associé est-il tenu d'apporter aux affaires communes?

Il suffit que l'associé apporte aux affaires communes les mêmes soins qu'à ses propres affaires.

L'associé peut-il compenser le préjudice que, dans une affaire, il a causé par sa négligence à la société avec les grands profits qu'il lui a procurés dans d'autres affaires par son extrême diligence?

Non; l'associé ne peut point compenser ses fautes dans une affaire avec sa diligence dans une autre affaire: il est toujours tenu de réparer le préjudice qui lui est imputable.

Quelles sont les parts des divers associés dans les bénéfices et dans les pertes?

A défaut de convention, chaque associé a droit à une part proportionnelle à sa mise. L'associé qui n'apporte que son industrie a la même part que celui qui a mis en société la plus faible valeur.

Tous les associés peuvent-ils administrer les affaires sociales?

Oui, tous les associés peuvent administrer les affaires sociales; mais ils choisissent ordinairement parmi eux un ou plusieurs gérants, et par là ils abdiquent, en faveur des gérants, leur droit d'administrer.

Les gérants peuvent-ils être révoqués?

Si les gérants sont nommés après la constitution de la société, ils peuvent, par une délibération réunissant la majorité des associés, être révoqués et remplacés. Si, au contraire, ils sont nommés par l'acte social, la majorité des associés ne peut point les révoquer; toutefois, le tribunal peut les révoquer pour fraudes ou pour fautes graves, mais cette révocation a pour effet de dissoudre la société.

Quels pouvoirs ont les gérants?

Lorsque la convention ne s'exprime pas à cet égard, les gérants ont seulement le pouvoir de faire des actes d'administration.

Quels sont les droits des créanciers de la société?

Les créanciers de la société ont le droit de se faire payer sur les biens de la société par préférence aux créanciers personnels des associés; ils peuvent aussi demander à chaque associé sa part de la dette.

III. FIN DE LA SOCIÉTÉ.—*Comment finit la société?*

La société finit de cinq manières : 1° par l'expiration du temps convenu; 2° par la perte du fonds social ou même de la chose dont un associé a mis seulement la jouissance en société; 3° par la consommation de l'opération ; 4° par la mort d'un associé ; 5° par l'interdiction légale ou judiciaire d'un associé, par sa faillite ou par sa déconfiture; 6" enfin, par la volonté d'un associé de n'être plus en société, il s'agit d'une société faite pour une durée illimitée.

TITRE X. — Du prêt.

Combien y a-t-il de sortes de prêt?

Il y a quatre sortes de prêt : 1° le prêt à usage ou commodat; 2° le prêt de consommation; 3° le prêt à intérêt; 4° enfin le prêt avec constitution de rente.

I. Prêt a usage ou commodat. — *Qu'est-ce que le commodat?*

Le commodat est un contrat par lequel une partie livre une chose à l'autre, afin que celle-ci s'en serve gratuitement et la restitue identiquement après en avoir fait l'usage convenu.

Le commodataire devient-il propriétaire de la chose?

Non; la chose remise en commodat continue à rester la propriété du commodant; si le commodataire la vendait, il se rendrait coupable du délit d'abus de confiance.

Quelles sont les obligations du commodataire?

Les obligations du commodataire sont : 1° de veiller avec une grande diligence à la conservation de la chose; 2° de n'employer cette chose qu'à l'usage auquel elle est destinée; 3° de la restituer après qu'il s'en est servi.

Quelles sont les obligations du commodant?

Le commodant est tenu : 1° de rembourser au commodataire le montant de ses dépenses extraordinaires, nécessaires et urgentes; 2° de réparer le préjudice résultant de défauts cachés qu'il connaissait et dont il n'a pas averti le commodataire.

12

*S'il y a plusieurs commodants ou plusieurs com-
modataires, sont-ils obligés solidairement?*

Comme les commodataires reçoivent un service
gratuit, la loi les déclare obligés solidairement envers le commodant; mais les commodants ne sont
pas tenus solidairement envers le commodataire.

*Si la chose remise en commodat périt, qui sup-
porte la perte?*

La perte de la chose remise en commodat est supportée par le commodant, quand aucune faute n'est
imputable au commodataire. Celui-ci supporterait
cependant la perte arrivée par cas fortuit, si la
chose lui avait été remise avec estimation.

II. PRÊT DE CONSOMMATION. — *Qu'est-ce que le prêt
de consommation?*

Le prêt de consommation est un contrat par lequel une partie transfère à l'autre la propriété d'une
certaine quantité de choses qui s'estiment au
compte, au poids ou à la mesure, à la charge par
celle-ci d'en rendre autant de même nature et de
même qualité.

*Le prêt de consommation fait-il naître plusieurs
obligations?*

Non; le prêt de consommation est un contrat
unilatéral qui ne fait naître qu'une seule obligation, celle de l'emprunteur qui doit se libérer au
temps convenu.

*Si l'emprunteur ne satisfait pas à son obligation
au temps convenu, doit-il des intérêts?*

Non; les intérêts des sommes prêtées ne courent
contre l'emprunteur, à moins de stipulation contraire, que du jour de la demande en justice.

III. PRÊT A INTÉRÊT. — *Quelles choses peut-on
prêter à intérêt?*

On peut prêter à intérêt de l'argent, des denrées et autres choses mobilières.

Combien y a-t-il de sortes d'intérêt?

Il y a deux sortes d'intérêt : 1° l'intérêt *légal*, qui est, en matière civile, de cin q pourcent par an, et, en matière commerciale, de six pour cent; 2° l'intérêt *conventionnel*, qui peut être inférieur au taux légal, mais qui ne doit jamais, sous les peines du délit d'usure, le dépasser.

Si l'emprunteur a payé des intérêts non stipulés, peut-il les répéter?

Non; celui qui a payé des intérêts non stipulés n'a pas fait un payement indu, car il s'est acquitté d'une sorte de dette naturelle.

La quittance du capital fait-elle supposer le payement des intérêts stipulés?

Oui, la quittance du capital fait supposer le payement des intérêts, puisque toute somme payée s'impute d'abord sur les intérêts.

IV. PRÊT AVEC CONSTITUTION DE RENTE. — *Comment une rente peut-elle être constituée?*

Une rente peut être constituée en perpétuel ou en viager, à titre onéreux ou à titre gratuit.

A quel contrat ressemble la rente constituée à titre onéreux?

La rente constituée à titre onéreux ressemble à une vente : le constituant, c'est-à-dire celui qui s'oblige à payer les arrérages, est un vendeur; celui qui s'oblige à payer une somme, une chose mobilière ou un immeuble pour obtenir le droit de réclamer des arrérages à certaines époques périodiques, est un acheteur.

La rente perpétuelle est-elle rachetable?

Oui, la rente perpétuelle est essentiellement rachetable : le vendeur de la rente peut donc éteindre son obligation, en donnant à l'acheteur un capital représentant vingt fois le montant des arrérages annuels.

Peut-on valablement convenir que la rente perpétuelle ne sera rachetable qu'après un certain délai?

Oui, la convention portant que la rente perpétuelle ne sera rachetable qu'après un certain délai est valable; mais ce délai ne peut pas excéder dix ans ou trente ans, selon que le prix d'achat consiste en un capital mobilier ou bien en immeubles.

Le vendeur de la rente perpétuelle peut-il être contraint au rachat?

Non, en général, le vendeur de la rente perpétuelle ne peut pas être contraint au rachat; mais cette règle souffre exception dans trois cas : 1° si le vendeur de la rente n'a pas fourni les sûretés promises par le contrat; 2° s'il est tombé en faillite ou en déconfiture; 3° enfin, s'il a cessé de remplir son obligation de payer les arrérages.

TITRE XI. — DU DÉPÔT ET DU SÉQUESTRE.

§ 1er. — Du dépôt.

Qu'est-ce que le dépôt?

Le dépôt est un contrat par lequel une personne remet sa chose mobilière à une autre qui s'oblige à la garder et à la restituer en nature.

Combien y a-t-il de sortes de dépôt?

Il y a deux sortes de dépôt : le dépôt volontaire et le dépôt nécessaire.

I. DÉPÔT VOLONTAIRE. — *Qu'est-ce que le dépôt volontaire?*

Le dépôt volontaire est celui qui est fait du libre consentement des parties.

Comment le dépôt volontaire peut-il être prouvé?

Le dépôt volontaire peut être prouvé par écrit, et même par témoins. Mais si le dépôt est d'une valeur excédant 150 fr., son existence ne peut pas être prouvée par témoins, et, à défaut d'écrit, le dépositaire est cru sur son affirmation relativement au fait du dépôt, à sa restitution et à la valeur des choses déposées.

Quelles sont les obligations du dépositaire?

Les obligations du dépositaire sont : 1° d'apporter à la garde des choses déposées les mêmes soins qu'à ses propres affaires, de ne pas s'en servir sans la permission expresse du déposant, et même de ne pas chercher à les connaître si elles sont renfermées dans une enveloppe ou dans un coffre; 2° de faire la restitution des choses déposées au lieu et au temps convenus, et même à la première demande du déposant ou de son représentant.

A quoi est tenu le déposant?

Le déposant est tenu de payer les dépenses nécessaires et utiles que le dépositaire a faites, et de l'indemniser des pertes que le dépôt lui a occasionnées. Pour sûreté de son payement, le dépositaire peut retenir la chose.

Que doit faire le dépositaire, s'il apprend que la chose déposée a été volée?

Si le dépositaire apprend que la chose déposée a été volée, il doit dénoncer au propriétaire le fait du dépôt et le sommer de réclamer la chose dans un délai suffisant.

Si la chose déposée périt par cas fortuit, qui en subit la perte?

Quand la chose déposée périt par cas fortuit, cette perte est supportée par le déposant.

Le dépositaire peut-il vendre la chose déposée?

Non, le dépositaire ne peut pas vendre la chose déposée, puisqu'il doit la rendre identiquement au déposant. S'il la vendait, il commettrait un abus de confiance et deviendrait ainsi passible de la peine d'emprisonnement; bien plus, il ne pourrait pas être recevable à invoquer le bénéfice de la cession de biens judiciaire, ce bénéfice n'étant accordé qu'au débiteur de bonne foi.

Quand le dépositaire a vendu et livré la chose déposée à un acheteur de bonne foi, le déposant peut-il la revendiquer?

Non; le propriétaire qui a été volé peut, il est vrai, revendiquer sa chose contre un possesseur de bonne foi; mais l'abus de confiance ne constituant pas un vol proprement dit, le déposant ne peut pas revendiquer la chose contre un tiers qui a juste titre et bonne foi.

II. DÉPÔT NÉCESSAIRE. — *Qu'est-ce que le dépôt nécessaire?*

Le dépôt nécessaire est celui qui a été forcé par quelque accident, tel qu'un incendie, une ruine, un pillage, un naufrage ou un événement imprévu. On lui assimile l'apport des effets d'un voyageur dans un hôtel ou dans une auberge.

Les règles du dépôt volontaire sont-elles toutes applicables au dépôt nécessaire?

Oui, les règles du dépôt volontaire sont applicables au dépôt nécessaire; mais, quand il s'agit du dépôt nécessaire, la preuve testimoniale est admissible, quelque grande que soit la valeur des choses déposées.

§ 2. — Du séquestre.

Qu'est-ce que le séquestre?

Le séquestre est le dépôt d'un meuble ou d'un immeuble sur lequel il y a contestation.

Combien y a-t-il de sortes de séquestre?

Il y a deux sortes de séquestre : le séquestre conventionnel et le séquestre judiciaire.

Qu'est-ce que le séquestre conventionnel?

Le Code Napoléon donne cette définition : « Le séquestre conventionnel est le dépôt fait par une ou plusieurs personnes, d'une chose contentieuse, entre les mains d'un tiers qui s'oblige à la rendre, après la contestation terminée, à la personne qui sera jugée devoir l'obtenir. »

Qu'est-ce que le séquestre judiciaire?

Le séquestre judiciaire est celui qui est ordonné par la justice.

Dans quel cas la justice ordonne-t-elle le séquestre?

La justice ordonne le séquestre dans les trois cas suivants : 1° si un créancier pratique une saisie sur les meubles de son débiteur; 2° si le possesseur de la chose litigieuse n'offre pas de garantie et fait des actes de nature à inspirer à son adversaire des craintes sérieuses; 3° enfin, si le créancier refuse de recevoir les choses que le débiteur offre pour sa libération.

TITRE XII. — DES CONTRATS ALÉATOIRES.

Qu'est-ce qu'un contrat aléatoire?

Un contrat aléatoire est celui qui contient des chances de gain ou de perte pour chacune des parties, d'après un événement incertain.

Quels sont les principaux contrats aléatoires?

Les principaux contrats aléatoires sont le jeu, le pari et la rente viagère, dont traite le Code Napoléon; il y a encore le contrat d'assurance contre l'incendie ou contre les sinistres de mer, et toute espèce d'association.

I. JEU ET PARI. — *Les dettes résultant des conventions de jeu et de pari sont-elles civilement obligatoires?*

Non; la loi considère le jeu et le pari comme funestes aux personnes, aux familles et à la société; c'est pourquoi elle refuse au gagnant toute action en payement. Mais le perdant n'est pas admis à répéter comme payement indu ce qu'il a donné, à moins que le gagnant ne se soit rendu coupable de dol, de supercherie ou d'escroquerie.

Les dettes de jeu ne sont-elles pas quelquefois obligatoires?

Oui; les dettes modiques sont obligatoires pour jeux propres à exercer aux armes, aux courses à pied ou à cheval, et pour jeux de paume et autres qui tiennent à l'adresse et à l'exercice du corps; mais si les dettes sont excessives eu égard à la fortune des joueurs, le tribunal les considère comme immorales, et il rejette entièrement la demande en payement formée par le gagnant.

II. RENTE VIAGÈRE. — *Qu'est-ce que la rente viagère?*

La rente viagère est celle qui est destinée à durer et à produire des arrérages pendant la vie d'une ou plusieurs personnes déterminées.

A quel titre la rente viagère peut-elle être constituée?

La rente viagère peut être constituée à titre gratuit ou à titre onéreux.

La rente viagère qui est constituée à titre onéreux est-elle, comme la rente perpétuelle, une véritable vente?

Oui, la rente viagère constituée à titre onéreux

est une vente : l'objet de l'obligation du vendeur est la rente elle-même, qui est productive d'arrérages ; l'objet de l'obligation de l'acheteur est l'argent, les meubles ou les immeubles qu'il s'oblige à donner comme prix d'acquisition de la rente.

Sur la tête de quelle personne, c'est-à-dire pendant la vie de quelle personne la rente viagère peut-elle être constituée ?

La rente viagère peut être constituée sur la tête du débiteur, sur la tête du créancier ou même sur la tête d'un tiers.

N'existe-t-il pas un cas particulier de nullité du contrat de rente viagère ?

Oui : la constitution de la rente viagère est nulle si elle est mise sur la tête d'une personne atteinte d'une maladie dont elle meurt dans les vingt jours de la date du contrat.

Le vendeur de la rente viagère peut-il la racheter ?

Non ; le vendeur ne peut pas racheter la rente viagère, quelque onéreuse qu'elle puisse devenir pour lui, alors même qu'il renoncerait à la répétition des arrérages payés.

L'acheteur de la rente viagère peut-il contraindre le vendeur au rachat ?

Non ; cependant l'acheteur de la rente viagère peut contraindre le vendeur au rachat dans le cas où celui-ci refuse de donner les sûretés promises par le contrat.

Comment s'éteint la rente viagère ?

La rente viagère ne s'éteint que d'une manière, qui est la mort de la personne sur la tête de laquelle elle est constituée.

TITRE XIII. — Du mandat.

Qu'est-ce que le mandat?

Le mandat est un contrat par lequel une personne donne à quelqu'un, qui accepte, le pouvoir de faire quelque chose pour elle et en son nom.

Comment désigne-t-on les parties qui figurent dans le mandat?

Celui qui donne le pouvoir d'agir pour lui est appelé *mandant;* celui qui accepte le pouvoir prend le nom de *mandataire.*

Comment appelle-t-on l'écrit constatant l'existence du mandat?

On appelle l'écrit constatant l'existence du mandat, par les noms de *mandat,* de *pouvoir* ou de *procuration.*

Par quels moyens prouve-t-on le mandat?

La preuve du mandat donné peut être faite, entre les parties, par écrit et même par témoins s'il s'agit de valeur ne dépassant pas cent cinquante francs; mais quand le mandataire est chargé de traiter avec des tiers qui ne connaissent point parfaitement la signature du mandant, il est nécessaire que la procuration soit notariée. Quant à la preuve de l'acceptation du mandat donné, elle résulte suffisamment de l'exécution.

Le mandataire est-il salarié?

Non; les bons offices du mandataire sont gratuits, s'il n'y a convention contraire.

Combien distingue-t-on de sortes de mandat?

On distingue deux sortes de mandat : le mandat spécial qui concerne une ou plusieurs affaires déterminées, et le mandat général qui comprend tous les actes d'administration.

Le mandataire qui a le pouvoir de vendre ou d'hypothéquer une chose, peut-il faire un acte moins important, par exemple, louer la chose?

Non; le mandataire doit, sous peine de nullité à l'égard du mandant, se renfermer rigoureusement dans les termes de la procuration.

Le mandataire qui traite en cette qualité avec des tiers dans la limite de ses pouvoirs, devient-il personnellement leur créancier ou leur débiteur?

Non; le mandataire ne fait que représenter le mandant dont il prolonge la main et la voix; c'est donc sur le mandant que reposent toutes les obligations actives et passives naissant, à l'égard des tiers, de l'exécution du mandat.

Quelles sont les obligations du mandataire?

Les obligations du mandataire sont : 1° d'exécuter avec diligence la mission acceptée; 2° de rendre compte au mandant de sa gestion; 3° de lui remettre tout ce qu'il a reçu à l'occasion du mandat.

Le mandant peut-il agir directement contre celui que le mandataire s'est substitué?

Oui, le mandant a une action directe contre le substitué; mais il peut aussi agir contre le mandant qui a fait la substitution sans en avoir reçu le pouvoir.

Quelles sont les obligations du mandant?

Les obligations du mandant sont : 1° d'exécuter les engagements pris par le mandataire dans la limite de ses pouvoirs; 2° de rembourser au mandataire les avances qu'il a faites, avec les intérêts à partir du jour des avances; 3° d'indemniser le mandataire des pertes qu'il a essuyées à l'occasion de sa gestion; 4° de payer au mandataire les salaires ou honoraires convenus ou fixés par la loi.

*S'il y a plusieurs mandants ou plusieurs manda-
taires, la solidarité existe-t-elle?*

La solidarité existe entre les mandants envers le
mandataire; mais elle n'existe point entre les man-
dataires envers le mandant, par la raison qu'ils rendent à celui-ci un service ordinairement gratuit.

Comment finit le mandat?

Le mandat finit de trois manières : 1° par la révocation du mandataire; le mandant peut la faire
quand il lui plaît, sans avoir besoin d'exposer ses
motifs; 2° par la renonciation du mandataire, mais
celui-ci ne peut pas refuser, en temps inopportun,
de remplir la mission qu'il a acceptée; 3° enfin, par
la mort, l'interdiction, la faillite ou la déconfiture
du mandant ou du mandataire. Dans tous les cas,
les actes faits par le mandataire révoqué produisent
leur effet en faveur des tiers de bonne foi, de même
que si la révocation n'existait pas.

TITRE XIV. — Du cautionnement.

Qu'est-ce que le cautionnement?

Le cautionnement est un contrat accessoire par
lequel une personne s'engage envers un créancier
à payer la dette d'un tiers.

Quelles obligations peut-on cautionner?

On peut cautionner toute obligation civile ou même
naturelle.

*Peut-on cautionner une obligation entachée d'un
vice?*

On peut cautionner une obligation entachée du
vice d'incapacité de la femme mariée, du mineur
ou de l'interdit; mais s'il s'agit d'autres vices, le cautionnement est nul.

I. Étendue du cautionnement. — *Le cautionne-*

ment est-il valable si la caution s'oblige à payer plus que ne doit le débiteur, ou si elle s'oblige sous des conditions plus onéreuses?

Oui, le cautionnement qui excède la dette principale est valable, mais seulement dans la mesure de la somme et des conditions de cette dette que l'engagement accessoire de la caution ne peut jamais dépasser.

L'engagement de la caution peut-il être moins étendu que l'engagement principal, et être formé sous des conditions moins onéreuses?

Oui; la caution peut s'engager seulement pour une partie de la dette; elle peut aussi stipuler qu'elle sera tenue sous des conditions moins onéreuses, et qu'elle sera, par exemple, affranchie de la contrainte par corps dont le débiteur serait passible.

Si la caution ne restreint pas l'étendue de son engagement, qu'est-ce qu'elle doit?

La caution qui ne restreint pas l'étendue de son engagement doit le montant de l'obligation principale avec les accessoires et intérêts; elle doit aussi les frais de justice, si les poursuites faites contre le débiteur lui ont été dénoncées.

Le cautionnement se présume-t-il?

Non; à cause des dangers que renferme le cautionnement, la loi dispose qu'il doit nécessairement être conçu en termes exprès.

Le débiteur peut-il être tenu de fournir caution?

Oui, le débiteur peut être tenu de fournir caution en vertu d'une convention, en vertu de la loi ou en vertu d'un jugement. La caution est donc, selon les cas, conventionnelle, légale ou judiciaire.

Le débiteur qui est tenu de fournir caution, peut-il présenter à cet effet toute personne?

Non; la personne présentée pour caution doit : 1° avoir la capacité de s'obliger; 2° être domicilié dans le ressort de la cour impériale du lieu où la caution doit être fournie; 3° posséder des immeubles suffisants pour répondre du payement de l'obligation, car la solvabilité de la caution ne s'apprécie pas d'après la valeur des meubles, si ce n'est en matière de commerce. Elle doit aussi, lorsqu'il s'agit de caution judiciaire, être susceptible de la contrainte par corps.

Si la caution devient insolvable, le créancier peut-il exiger une autre caution?

Oui; l'insolvabilité de la caution rendant sa garantie illusoire, le créancier peut exiger une autre caution, à moins que, dans la convention, il n'ait demandé pour caution la personne maintenant insolvable.

II. EFFET DU CAUTIONNEMENT. — *Quels effets produit le cautionnement?*

Le cautionnement donne au créancier le droit de poursuivre la caution en payement de la dette et de ses accessoires; il lui donne aussi, quand il y a plusieurs cautions, le droit de poursuivre chacune d'elles pour la totalité de ce qui lui est dû.

La caution qui est poursuivie par le créancier en payement de la dette, ne jouit-elle pas de certains bénéfices?

Oui; la caution poursuivie en payement de la dette jouit du bénéfice de subrogation, du bénéfice de discussion et du bénéfice de division.

Qu'est-ce que le bénéfice de subrogation?

Le bénéfice de subrogation est la translation, s'opérant de plein droit au profit de la caution qui paye la dette, de toutes les garanties, priviléges et hypothèques qu'avait le créancier.

Qu'est-ce que le bénéfice de discussion?

Le bénéfice de discussion est le droit que, par des motifs d'équité, la loi donne à la caution, qui est poursuivie en payement par le créancier, d'exiger que celui-ci fasse d'abord vendre les biens du débiteur principal pour être payé sur leur prix.

La caution qui entend jouir du bénéfice de discussion, a-t-elle besoin de l'invoquer?

Oui; la caution ne jouit du bénéfice de discussion que si elle l'invoque sur les premières poursuites, c'est-à-dire avant tout moyen de défense au fond; elle doit, en outre, indiquer des biens suffisants appartenant au débiteur, et faire les avances nécessaires pour la discussion de ces biens.

Qu'est-ce que le bénéfice de division?

Le bénéfice de division est le droit que la loi donne à celle des cautions qui est poursuivie en payement de toute la dette par le créancier, d'exiger, en offrant sa part contributoire de la dette, que le créancier se fasse entièrement payer en demandant une part à chacune des autres cautions.

Le bénéfice de division a-t-il besoin d'être invoqué?

Oui, de même que le bénéfice de discussion, le bénéfice de division a besoin d'être invoqué avant tout moyen de défense au fond; mais la caution qui l'invoque n'est pas soumise à la nécessité d'indiquer les biens des autres cautions ni de faire des avances.

Si le créancier auquel la caution poursuivie a opposé le bénéfice de discussion ou de division trouve le débiteur ou les cautions insolvables, a-t-il un recours contre la caution qui a invoqué le bénéfice?

Si l'insolvabilité du débiteur ou des cautions existait déjà lors de l'invocation du bénéfice de discussion ou de division, le créancier a le droit de recourir contre la caution qui a invoqué le bénéfice; mais si l'insolvabilité n'est survenue que postérieurement, il n'a aucun recours.

Toute caution jouit-elle des bénéfices de subrogation, de discussion et de division?

Toute caution jouit du bénéfice de subrogation; mais la caution conventionnelle et la caution légale jouissent seules, à l'exclusion de la caution judiciaire, des bénéfices de discussion et de division, et encore faut-il qu'elles n'y aient pas renoncé lors de leur engagement.

Lorsque la caution a payé la dette, que peut-elle réclamer au débiteur principal?

La caution qui a payé peut réclamer au débiteur le montant de la dette, les frais et les intérêts de toutes ses avances.

La caution a-t-elle aussi, après le payement, une action contre les autres cautions?

Oui, la caution qui a payé toute la dette a le droit de demander une part de ce qu'elle a payé à chacune des autres cautions; si quelques-unes d'elles sont insolvables, celles qui sont solvables contribuent à la perte.

La caution a-t-elle quelquefois le droit d'agir en recours contre le débiteur principal avant que d'avoir acquitté la dette?

Oui; la caution peut, avant que d'avoir payé la dette, agir en recours contre le débiteur principal dans les cas suivants : 1° si elle est poursuivie en payement; 2° si la dette est exigible; 3° si le débiteur est tombé en faillite ou en déconfiture; 4° si le débiteur a promis qu'il déchargerait la caution dans un certain délai qu'il a laissé passer.

Quel effet produit, à l'égard de la caution, l'acte par lequel le créancier accorde un terme à son débiteur?

Ceux qui sont dans le lien de la même obligation étant considérés comme pouvant rendre la condition de leurs coobligés meilleure, sans pouvoir la rendre pire, la caution a le droit de se prévaloir du terme accordé par le créancier au débiteur, ou de le considérer comme nul en ce qui la concerne.

III. Extinction du cautionnement. — *Comment s'éteint l'obligation de la caution ?*

L'obligation de la caution s'éteint, en sa qualité d'accessoire, par tout mode d'extinction de l'obligation principale. Cependant, lorsque le débiteur fait annuler son obligation pour cause d'incapacité, la caution reste encore obligée.

L'engagement de la caution ne peut-il pas s'éteindre avant l'engagement principal ?

Oui ; l'engagement de la caution s'éteint avant l'engagement principal, dans les quatre cas suivants : 1° si le créancier libère la caution ; 2° si la caution succède au débiteur ou au créancier ; 3° si le créancier empêche la subrogation à ses droits en laissant s'éteindre ses priviléges ou hypothèques ; 4° enfin si le créancier a consenti à recevoir en payement de son débiteur une chose dont il est ensuite évincé.

TITRE XV. — Des transactions.

Qu'est-ce que la transaction ?

La transaction est une convention par laquelle les parties terminent une contestation née ou préviennent une contestation à naître.

Est-ce que tout débat n'est pas une contestation ?

Non : la transaction suppose toujours un débat ; mais le débat ne devient contestation que lorsqu'il est porté devant le tribunal et que le défendeur oppose des moyens de défense sur le fond de la chose demandée.

Est-il généralement plus utile de transiger que de plaider ?

Oui ; la plupart du temps un arrangement qui contient même quelque sacrifice pénible, vaut mieux qu'un procès gagné.

Comment la transaction devient-elle parfaite?

La transaction devient parfaite par le seul consentement des parties ; mais son existence ne peut, de même que celle du louage, être prouvée que par écrit.

Sur quelles choses peut-on transiger?

On peut transiger sur toute espèce de choses, même sur l'intérêt civil résultant d'un délit. Toutefois, la transaction est nulle, si elle a pour objet une question d'état, une pension alimentaire constituée à titre d'aliments, une séparation de biens ou de corps.

Qui peut transiger?

Toute personne peut transiger sur la chose dont elle peut disposer à titre onéreux.

La transaction n'est-elle pas quelquefois annulable?

Oui ; la transaction est annulable lorsqu'elle est entachée d'un vice de consentement ou de capacité, ou lorsqu'elle est faite sur pièces fausses ou dans l'ignorance de pièces nouvellement découvertes et prouvant clairement que l'une des parties n'avait absolument aucun droit.

TITRE XVI. — DE LA CONTRAINTE PAR CORPS.

Qu'est-ce que la contrainte par corps?

La contrainte par corps est une voie d'exécution que le créancier exerce sur le corps de son débiteur, en le mettant en prison pour le contraindre à payer sa dette.

Le débiteur peut-il être emprisonné par son créancier arbitrairement?

Non ; le débiteur ne peut être emprisonné par son créancier qu'en vertu d'un jugement autorisant cette voie rigoureuse d'exécution.

En quelle matière le débiteur est-il contraignable par corps?

Le débiteur peut être contraignable par corps en toute matière : civile, commerciale, pénale et administrative.

I. — *Le débiteur est-il toujours contraignable par corps en matière civile?*

Non; le débiteur n'est contraignable par corps en matière civile que pour les causes suivantes : 1° pour stellionat; or il y a stellionat de la part de celui qui, par fraude, vend la chose d'autrui ou déclare que son immeuble hypothéqué est libre; 2° pour dépôt nécessaire; 3° pour restitution d'un immeuble dont le possesseur a été dépossédé par violence; 4° pour représentation des minutes des notaires ou des choses confiées aux séquestres et gardiens; 5° pour restitution des sommes et des titres déposés entre les mains d'un notaire, avoué ou huissier, à l'occasion de leurs fonctions; 6° enfin, pour représentation, à la fin du bail, du cheptel et des instruments aratoires que le bailleur a remis à son fermier ou colon partiaire.

Dans ces divers cas, le débiteur est-il toujours contraignable par corps?

Non; si la somme capitale est inférieure à trois cents francs, ou bien si le débiteur est une fille, une femme, un mineur ou un septuagénaire, la contrainte par corps n'est pas prononcée.

Quelle est la durée de la contrainte par corps en matière civile?

La durée de la contrainte par corps en matière civile est de six mois au moins, et de cinq ans au plus.

II. — *Dans quel cas la contrainte par corps a-t-elle lieu en matière de commerce?*

La contrainte par corps a lieu en matière de commerce toutes les fois que la somme principale s'élève au moins à deux cents francs ; mais cette contrainte n'est pas accordée contre la fille, la femme, le mineur non commerçants, ni contre le septuagénaire.

Quelle est la durée de la contrainte par corps en matière commerciale ?

La durée de la contrainte par corps en matière commerciale varie, eu égard à la somme due, de trois mois à deux ans.

Celui qui est créancier en matière civile ou commerciale peut-il contraindre par corps toute sorte de parents ou alliés ?

Non ; le créancier ne peut exercer la contrainte par corps ni contre son conjoint, ni contre ses ascendant, descendant, frère, sœur, oncle, tante, grand-oncle, grand'tante, neveu, nièce, petit-neveu, petite-nièce, ou ses alliés au même degré.

III. — *L'étranger est-il spécialement contraignable par corps ?*

Oui ; tout étranger, qui est débiteur civil ou commercial, est soumis à la contrainte par corps quand sa dette est au moins de cent cinquante francs ; son arrestation provisoire peut même être obtenue du président du tribunal, avant tout jugement.

IV. — *Pour quelles choses le débiteur est-il contraignable par corps en matière de crime, de délit ou de contravention ?*

Le débiteur à raison de crime, de délit ou de contravention est soumis à la contrainte par corps pour amende, frais, restitution et dommages-intérêts.

V. — *Contre qui a lieu la contrainte par corps en matière administrative ?*

La contrainte par corps a lieu en matière administrative principalement contre les comptables des deniers publics et contre ceux qui ont traité avec l'Etat, les communes et les établissements publics.

Le créancier qui contraint son débiteur par corps est-il tenu de lui fournir en prison des aliments?

Oui, le créancier est tenu de consigner, pour aliments du débiteur emprisonné, une certaine somme par chaque période de trente jours.

Le débiteur qui sort de la prison pour dettes où son créancier l'avait renfermé, se trouve-t-il maintenant libéré de sa dette?

Non : loin d'être éteinte, la dette du débiteur est augmentée de la somme fournie pour son incarcération et pour ses aliments.

TITRE XVII. — Du nantissement; Gage, Antichrèse.

Qu'est-ce que le nantissement?

Le nantissement est un contrat accessoire par lequel le débiteur, ou un tiers pour lui, remet une chose mobilière ou immobilière au créancier en garantie de son payement.

Comment le contrat de nantissement est-il parfait?

Le contrat de nantissement est parfait par la convention suivie de la remise de la chose affectée au payement.

Les parties peuvent-elles convenir qu'à défaut de payement à l'échéance, le créancier deviendra propriétaire de la chose remise en nantissement?

Non ; les parties ne peuvent pas convenir valablement que le créancier deviendra, à défaut de payement à l'échéance, propriétaire de la chose qui lui a été remise en nantissement; la loi ne veut pas qu'un débiteur qui compte souvent trop sur ses ressources dans l'avenir, se trouve ainsi entièrement dépouillé de la propriété d'une chose dépassant la plupart du temps beaucoup en valeur le montant de sa dette.

Combien y a-t-il de sortes de nantissement?

Il y a deux sortes de nantissement : le gage, qui est le nantissement des meubles, et l'antichrèse, qui est le nantissement des immeubles.

I. GAGE. — *Quelles conditions sont requises pour la validité du gage?*

Deux conditions sont requises pour la validité du gage : 1° le meuble qui est l'objet du gage doit être remis au créancier ou à un tiers dont conviennent les parties ; 2° quand l'objet du gage est d'une valeur excédant cent cinquante francs, il faut qu'il y ait un écrit notarié ou un sous seing privé enregistré, et que cet écrit exprime la somme due, l'espèce et la nature des choses remises en gage.

Peut-on remettre en gage des créances?

Oui, on peut remettre des créances en gage ; mais alors il faut toujours, quand même la créance serait d'une faible somme, que le gage soit constitué par écrit, et que cet écrit soit enregistré et signifié au débiteur de la créance remise en gage.

Quels sont les droits du créancier sur la chose qui lui est remise en gage?

Le créancier a sur la chose qui lui est remise en gage les droits suivants : 1° de retenir la chose jusqu'à son payement intégral ; 2° de faire vendre la chose aux enchères publiques, sans avoir besoin de pratiquer une saisie ; 3° d'être payé sur le prix de la chose par privilége et préférence aux autres créanciers ; 4° enfin, de faire ordonner par justice que cette chose lui restera en payement sur estimation d'experts.

Quelles sont les obligations du créancier gagiste?

Les obligations du créancier gagiste sont de veiller en bon père de famille à la conservation de la chose et de la restituer après qu'il a été entièrement payé.

Le débiteur gagiste n'a-t-il pas une obligation à remplir envers son créancier?

Oui ; le débiteur gagiste doit tenir compte à son créancier des dépenses nécessaires et utiles que celui-ci a faites sur la chose.

Le créancier peut-il prescrire la chose qui lui est remise en gage?

Non, le créancier ne peut pas prescrire la chose qui lui est remise en gage, car il ne la possède pas à titre de propriétaire.

II. ANTICHRÈSE. — *Quelles conditions sont requises pour la validité de l'antichrèse?*

Pour la validité de l'antichrèse, il faut : 1° que l'immeuble soit remis au créancier ; 2° qu'il y ait un écrit notarié ou un sous seing privé enregistré ; 3° enfin, que cet écrit soit transcrit au bureau des hypothèques de la situation de l'immeuble.

Quels droits le créancier antichrésiste a-t-il sur l'immeuble?

Le créancier antichrésiste a : 1° le droit de retenir l'immeuble jusqu'à parfait payement ; 2° la faculté d'en percevoir les fruits, mais à la charge de les imputer, déduction faite des frais, sur les intérêts et sur le capital de sa créance. Mais il n'a, en sa seule qualité d'antichrésiste, absolument aucun droit de préférence sur le prix de l'immeuble.

Le créancier antichrésiste peut-il invoquer sa faculté de percevoir les fruits contre les créanciers hypothécaires?

Oui, le créancier antichrésiste peut invoquer sa

faculté de percevoir les fruits contre les créanciers hypothécaires, mais seulement contre ceux qui n'ont pris inscription que postérieurement à la transcription de son acte d'antichrèse.

Quelles sont les obligations du créancier antichrésiste?

Les obligations du créancier antichrésiste sont de payer les contributions et autres charges annuelles de l'immeuble, et de faire les réparations nécessaires ; mais il se rembourse de toutes ses avances sur le prix des fruits de l'immeuble.

TITRE XVIII. — Des privilèges et hypothèques.

Sur quels biens le débiteur est-il tenu d'exécuter ses obligations?

Le débiteur est tenu d'exécuter ses obligations sur tous ses biens meubles et immeubles, présents et à venir.

Comment les créanciers viennent-ils sur le prix des biens du débiteur commun?

Les créanciers viennent tous également sur le prix des biens du débiteur commun ; en cas d'insuffisance du prix, chacun d'eux supporte dans la perte une part proportionnelle au montant de sa créance.

N'existe-t-il pas des causes de préférence, c'est-à-dire des causes qui confèrent à quelques créanciers le droit d'être payés avant les autres?

Oui ; il existe deux causes de préférence : ce sont les privilèges et les hypothèques.

SECTION Ire. — Des privilèges.

Qu'est-ce que le privilège?

Le privilège est un droit que la qualité de la

créance donne à un créancier d'être préféré aux autres créanciers, même hypothécaires.

Qu'est-ce que la loi prend en considération pour accorder des priviléges et pour fixer leur rang?

Pour accorder des priviléges et pour fixer leur rang, la loi prend en considération uniquement la qualité des créances; elle n'a aucun égard à la nature des titres, ni à la qualité des personnes, ni à la date des créances.

Comment la loi divise-t-elle les priviléges?

La loi divise les priviléges en deux classes : 1° les priviléges sur les meubles; 2° les priviléges sur les immeubles.

§ 1er. — Des priviléges sur les meubles.

Combien y a-t-il de sortes de priviléges sur les meubles?

Il y a deux sortes de priviléges sur les meubles : les priviléges généraux qui frappent sur tous les meubles et subsidiairement sur tous les immeubles, et les priviléges spéciaux qui ne frappent que sur certains meubles.

1. PRIVILÉGES GÉNÉRAUX SUR LES MEUBLES. — *Combien y a-t-il de priviléges généraux sur les meubles?*

Il y a cinq priviléges généraux sur les meubles. Ils viennent dans l'ordre suivant : 1° les frais de justice; 2° les frais funéraires; 3° les frais de la dernière maladie; 4° les salaires des gens de service; 5° enfin, les fournitures de subsistance faites au débiteur et à sa famille.

Qu'entend-on par frais de justice?

On entend par frais de justice ceux qui sont faits dans l'intérêt commun des créanciers, parce qu'ils tendent à conserver ou à convertir en argent l'actif du débiteur.

Les frais que fait un créancier non privilégié pour faire constater ses droits en justice sont-ils privilégiés?

Non, les frais que fait un créancier pour faire constater judiciairement sa créance n'ont lieu que dans son intérêt personnel; par suite, ils ne jouissent d'aucun privilége.

Qu'entend-on par frais funéraires?

On entend par frais funéraires ceux d'enterrement, de cérémonie religieuse et même du deuil de la veuve.

Qu'entend-on par frais de la dernière maladie?

On entend par frais de la dernière maladie les sommes dues au médecin, au pharmacien et au garde-malade, à raison de la maladie qui a précédé la mort du débiteur ou même la vente de ses biens.

Qu'entend-on par salaires des gens de service?

On entend par salaires des gens de service ceux qui sont dus aux domestiques et aux autres personnes à gages, qui sont logées et nourries chez le débiteur.

Pour quel temps existe le privilége des gens de service?

Le privilége des gens de service existe pour une année et pour ce qui est dû sur l'année courante.

Les ouvriers et les commis qui ont été employés directement par le failli sont-ils placés au nombre des gens de service?

Non, les ouvriers et les commis ne sont pas compris parmi les gens de service; mais la loi commerciale accorde aux ouvriers directement employés par le failli un privilége pour un mois de leurs gages, et aux commis un privilége pour six mois.

Pour quel temps existe le privilége des fournitures de subsistance?

Le privilége des fournitures de subsistance existe pour les six derniers mois des fournitures faites par les marchands en détail, tels que boulangers, bouchers et autres ; et pour la dernière année des fournitures faites par les marchands en gros et par les maîtres de pension.

II. Priviléges spéciaux sur certains meubles. — *Combien y a-t-il de priviléges spéciaux sur certains meubles ?*

Il y a sept priviléges spéciaux sur certains meubles : la loi ne fixe par leur rang.

Quelles sont les créances jouissant de priviléges sur certains meubles ?

Les créances jouissant de priviléges sur certains meubles sont : 1° celle du bailleur qui a privilége sur les fruits de la récolte et sur tout ce qui garnit la maison ou la ferme donnée à louage ; 2° celle du créancier gagiste, sur les choses qui lui ont été remises en gage ; 3° celle qui est née des frais de conservation, sur l'objet conservé ; 4° celle du prix de vente, sur les meubles vendus, mais pourvu qu'ils soient restés en la possession de l'acheteur ; 5° celle qui résulte des fournitures d'un aubergiste, sur les effets du voyageur qui ont été transportés dans son auberge ; 6° celle qui est due pour frais de voiture et dépenses accessoires, sur la chose voiturée ; 7° enfin, les créances résultant d'abus et prévarications commis par des fonctionnaires publics dans l'exercice de leurs fonctions, sur les fonds et les intérêts de leur cautionnement.

Pour quelle durée existe le privilége du bailleur de maison ou de ferme ?

Le privilége du bailleur existe pour tous les termes échus et à échoir, si l'acte de bail a date certaine ; mais les autres créanciers du preneur ont le droit, en payant actuellement au bailleur tout ce qui lui est dû, de relouer à leur profit la maison ou la ferme pour le temps qui reste encore à courir. Si, au contraire, le bail n'a pas date certaine, le privilége du bailleur existe seulement pour les termes échus, pour l'année courante et pour une année à partir de l'année courante.

Le bailleur n'est-il pas primé par quelques créanciers?

Oui, le bailleur est primé sur le prix de la récolte par ceux qui en ont fourni la semence ou qui ont fait les labours ou les frais même de la récolte; il est aussi primé sur le prix des ustensiles par ceux qui les ont vendus ou réparés.

Si les meubles qui garnissent la maison ou la ferme sont déplacés par le preneur, le bailleur perd-il irrévocablement par là sa garantie?

Non; le bailleur a le droit de revendiquer les meubles déplacés pendant les quinze jours qui suivent leur déplacement, s'il s'agit de maison, et pendant quarante jours, s'il s'agit de ferme.

Le vendeur non payé du prix n'a-t-il qu'un privilége sur les meubles vendus?

Le vendeur non payé a, outre son privilége, le droit de résolution de la vente. S'il n'a pas accordé terme pour le payement, il peut même revendiquer les meubles vendus dans la huitaine de la livraison. Mais le privilége, le droit de résolution et le droit de revendication ne subsistent que si les meubles vendus restent encore en la possession de l'acheteur.

En cas de concours de plusieurs priviléges spéciaux sur le même meuble, quel est celui qui prime les autres?

Le privilége spécial qui prime les autres, en cas de concours, est généralement celui du possesseur ou nanti.

En cas de concours de priviléges généraux et de priviléges spéciaux, quels sont ceux qui ont la préférence ?

Si l'on excepte les frais de justice, les priviléges spéciaux sur les meubles l'emportent, en cas de concours, sur les priviléges généraux.

§ 2. — Des priviléges sur les immeubles.

Combien y a-t-il de sortes de créanciers jouissant de priviléges spéciaux sur les immeubles?

Il y a trois sortes de créanciers jouissant de priviléges spéciaux sur les immeubles : 1° le vendeur, qui a un privilége sur l'immeuble vendu pour assurer le payement du prix ; 2° le cohéritier ou autre copartageant, qui a un privilége sur les immeubles de la succession pour les soultes ou retours de lots, pour le prix de licitation et pour la garantie des objets compris dans son lot ; 3° l'architecte, l'entrepreneur ou autres ouvriers, qui ont un privilége sur les bâtiments par eux édifiés, construits ou réparés. Mais ce dernier privilége se présente rarement en pratique, car il n'existe que s'il est fait, par experts nommés par le tribunal, deux procès-verbaux d'estimation de l'immeuble, l'un avant le commencement des travaux, et l'autre dans les six mois de leur réception ; le montant du privilége a lieu seulement pour la différence qui existe entre la première et la seconde estimation, et il se réduit à la plus-value existant lors de l'aliénation.

Comment se règle le concours entre les priviléges généraux, c'est-à-dire frappant sur tous les meubles et subsidiairement sur les immeubles, et les priviléges spéciaux sur les immeubles?

S'il y a insuffisance de meubles, les priviléges généraux sont, en cas de concours sur le prix des immeubles, préférés aux priviléges spéciaux sur les immeubles.

Les priviléges sur les immeubles doivent-ils être rendus publics par inscription prise au bureau des hypothèques de la situation des immeubles?

Oui, les priviléges sur les immeubles doivent être inscrits, car ils ne produisent d'effet que par leur inscription, et seulement à compter de la date de l'inscription.

N'y a-t-il pas des priviléges sur les immeubles qui sont dispensés de l'inscription?

Oui; les priviléges généraux sont dispensés d'inscription, par la raison qu'ils garantissent ordinairement le payement de faibles sommes et qu'ils ne viennent sur les immeubles qu'en cas d'insuffisance des meubles.

La transcription de l'acte de vente au bureau des hypothèques vaut-elle inscription pour le vendeur?

Oui, la transcription de l'acte de vente vaut inscription pour le vendeur; car le conservateur des hypothèques est tenu de prendre d'office inscription pour le prix qui reste dû.

Le vendeur qui prend inscription, ou qui fait transcrire son acte, conserve-t-il toujours l'intégralité de ses droits?

Quand l'immeuble reste encore en la possession de l'acheteur, le vendeur qui prend inscription ou qui fait transcrire son acte à une époque quelconque, conserve par là tous ses droits, et notamment il prime tous les créanciers ayant hypothèque inscrite du chef de son acheteur. Mais quand l'immeuble vendu passe ensuite entre les mains d'un tiers qui fait transcrire son acte d'acquisition, si le vendeur a négligé de révéler son privilége dans les quarante-cinq jours de la vente, il est par là déchu de son privilége et de son droit de résolution.

Le cohéritier ou copartageant doit-il inscrire son privilége dans un certain délai?

Oui; le cohéritier est tenu d'inscrire au bureau des hypothèques son privilége dans les soixante jours qui suivent le partage. S'il ne prend pas inscription dans ce délai, son privilége dégénère en hypothèque et, par suite, il se trouve primé par les créanciers qui ont une hypothèque du chef de l'acheteur, et qui ont pris inscription avant la publication du privilége.

Le cohéritier peut-il toujours prendre utilement inscription de son privilége dans les soixante jours du partage?

Non; lorsque l'immeuble est passé entre les mains d'un tiers acquéreur, si le cohéritier a négligé de prendre inscription dans les quarante-cinq jours du partage, son privilége non inscrit se trouve entièrement éteint.

L'architecte ou l'entrepreneur est-il tenu, pour conserver son privilége, de prendre inscription des deux procès-verbaux d'expertise?

L'architecte ou l'entrepreneur est tenu d'inscrire le premier procès-verbal d'expertise avant que de commencer les travaux, sous peine de voir son privilége dégénérer en simple hypothèque; mais il peut, quand bon lui semble, inscrire le second procès-verbal constatant la plus-value résultant des travaux.

Les créanciers du défunt et les légataires n'ont-ils pas une sorte de privilége?

Oui, les créanciers du défunt et les légataires ont une sorte de privilége sur les biens de la succession, quand, au lieu d'accepter l'héritier pur et simple pour débiteur, ils demandent que le patrimoine du défunt soit séparé du patrimoine de l'héritier; ils acquièrent, en effet, au moyen de la séparation des patrimoines, le droit d'être payés sur les biens du défunt par préférence aux créanciers personnels de l'héritier.

Quel délai les créanciers du défunt et les légataires ont-ils pour demander la séparation des patrimoines?

Les créanciers du défunt et les légataires ont trente ans pour demander la séparation des patrimoines. Mais leur négligence peut rendre leur droit illusoire. En effet, s'ils laissent expirer six mois sans prendre inscription, leur privilége dégénère en simple hypothèque; par conséquent, ils sont primés par les créanciers qui ont pris des inscriptions hypothécaires du chef de l'héritier. Bien plus, leur droit de préférence et de suite a cessé à l'égard des immeubles qui, avant l'inscription de cette sorte de privilége, ont passé entre les mains des tiers, lorsque ceux-ci ont fait transcrire leur acte d'acquisition.

Les subrogés et les cessionnaires ont-ils les mêmes droits de privilége que les subrogeants et que les cédants?

Oui; les subrogés et les cessionnaires sont aux lieu et place des subrogeants et des cédants, et ils ont, par suite, les mêmes droits de privilége.

SECTION II. — DES HYPOTHÈQUES.

Qu'est-ce que l'hypothèque?

L'hypothèque est un droit réel et indivisible de sa nature, qui frappe sur les immeubles affectés à l'acquittement d'une obligation et qui les suit dans quelques mains qu'ils passent.

Que signifient les mots droits réels?

Les mots *droits réels* signifient que le créancier hypothécaire peut invoquer son droit sur les immeubles affectés à l'acquittement de l'obligation, aussi bien contre les créanciers de son débiteur que contre le débiteur lui-même.

Que signifient les mots droit indivisible de sa nature?

Les mots *droit indivisible* signifient que l'hypothèque subsiste en entier et pour chaque fraction de la créance, sur tous les immeubles affectés à l'acquittement de l'obligation, sur chacun et sur chaque portion de ces immeubles. Les mots *indivisible de sa nature* signifient que les parties peuvent convenir que l'hypothèque ne sera pas indivisible, par exemple que quelques immeubles déterminés seront affranchis de l'hypothèque par le payement partiel de la dette.

Que signifient les mots et les suit dans quelques mains qu'ils passent?

Les mots *et les suit dans quelques mains qu'ils passent* signifient que l'aliénation, par le débiteur, des immeubles hypothéqués ne nuit point au créancier hypothécaire, qui conserve néanmoins le droit de les faire vendre, à défaut de payement, entre les mains du tiers détenteur.

Quels biens sont susceptibles d'hypothèque?

Les seuls biens susceptibles d'hypothèque sont : 1° les biens immobiliers qui sont dans le commerce et leurs accessoires réputés immeubles; 2° l'usufruit des mêmes biens et accessoires pendant le temps de sa durée.

Peut-on hypothéquer les accessoires seulement d'un immeuble?

Non; la constitution d'hypothèque sur les accessoires seulement d'un immeuble serait nulle : il faut que l'hypothèque frappe directement sur l'immeuble par nature ou sur l'usufruit de cet immeuble, et elle s'étend ensuite tacitement aux accessoires réputés immeubles.

Les accessoires qui sont détachés de l'immeuble hypothéqué sont-ils affranchis par là de l'hypothèque?

Oui, les accessoires qui sont détachés de l'immeuble hypothéqué sont affranchis par là de l'hypothèque, car les meubles n'ont pas de suite par hypothèque.

L'hypothèque frappant sur la nue propriété d'un immeuble, reçoit-elle de l'extension lorsque l'usufruit s'éteint?

Oui; quand l'usufruit s'éteint, l'hypothèque qui frappait seulement sur la nue propriété s'étend alors sur la pleine propriété, tandis que celle qui frappait sur l'usufruit se trouve par là éteinte.

§ 1er. — Des diverses espèces d'hypothèque.

Combien y a-t-il de sortes d'hypothèque?

Il y a trois sortes d'hypothèque, qui sont l'hypothèque légale, l'hypothèque judiciaire et l'hypothèque conventionnelle.

I. — *Qu'est-ce que l'hypothèque légale?*

L'hypothèque légale est celle qui résulte de l'autorité seule de la loi.

A quelles personnes la loi donne-t-elle une hypothèque?

La loi donne une hypothèque qui est générale : 1° à la femme mariée sur les immeubles de son mari; 2° au mineur et à l'interdit sur les immeubles du tuteur; 3° enfin, à l'Etat, aux communes et aux établissements publics sur les immeubles des receveurs et autres administrateurs.

II. — *Qu'est-ce que l'hypothèque judiciaire?*

L'hypothèque judiciaire est une hypothèque générale qui résulte : 1° des jugements ou actes judiciaires en faveur de celui qui les a obtenus ; 2° des sentences arbitrales revêtues de l'ordonnance judiciaire d'exécution ; 3° enfin, des jugements prononcés à l'étranger, mais seulement lorsqu'ils ont été rendus exécutoires par un tribunal français.

Sur quels biens le créancier qui a une hypothèque générale, c'est-à-dire légale ou judiciaire, peut-il exercer son droit de préférence ?

Le créancier qui a une hypothèque générale peut exercer son droit de préférence sur tous les immeubles appartenant à son débiteur et sur ceux qui peuvent lui arriver par la suite.

III. — *Qu'est-ce que l'hypothèque conventionnelle ?*

L'hypothèque conventionnelle est une hypothèque spéciale qui résulte de la convention des parties et de la forme extérieure de l'acte.

Quelles sont les personnes qui peuvent consentir des hypothèques sur leurs immeubles ?

Toutes les personnes peuvent consentir des hypothèques sur leurs immeubles, lorsqu'elles en ont la libre disposition.

En quoi consiste la forme extérieure de la convention d'hypothèque ?

La forme extérieure de la convention d'hypothèque consiste dans la rédaction d'un acte passé en France devant deux notaires ou devant un notaire et deux témoins.

Pourquoi l'hypothèque conventionnelle est-elle appelée spéciale ?

L'hypothèque conventionnelle est appelée spéciale, parce que l'acte notarié qui la constitue doit, à peine de nullité, indiquer spécialement la nature et la situation de chacun des immeubles actuellement appartenant au débiteur, et sur lesquels il consent hypothèque.

Le débiteur peut-il consentir une hypothèque sur tous les immeubles qui lui appartiennent?

Oui, le débiteur peut consentir une hypothèque sur tous ses immeubles présents; mais cette constitution n'est valable qu'à l'égard des immeubles dont il indique la nature et la situation.

Le débiteur peut-il consentir une hypothèque sur ses immeubles à venir?

Non, le débiteur ne peut pas consentir d'hypothèque sur ses immeubles à venir, par la raison qu'il lui est impossible d'en indiquer la nature et la situation. Toutefois, lorsque le débiteur hypothèque au moins un immeuble, s'il exprime qu'à raison de l'insuffisance de la garantie, il hypothèque aussi ses biens à venir, le créancier aura le droit de prendre inscription sur les immeubles advenus ensuite à son débiteur, en indiquant leur nature et leur situation.

Le créancier peut-il demander à son débiteur un supplément d'hypothèque, quand l'immeuble affecté à sa garantie a diminué de valeur?

Oui, le créancier, dont la garantie conventionnelle est devenue insuffisante, a droit à un supplément d'hypothèque; s'il n'obtient pas l'exécution de ce droit, sa créance devient aussitôt exigible.

§ 2. — Du rang que les hypothèques ont entre elles.

Comment se détermine la préférence entre les créanciers hypothécaires?

La préférence entre les créanciers hypothécaires se détermine par la date des inscriptions : le premier créancier inscrit est celui qui a le rang préférable.

N'y a-t-il pas des personnes dont l'hypothèque prend rang indépendamment de toute inscription?

Oui, il y a des personnes dont l'hypothèque a rang indépendamment de toute inscription. Ces personnes sont : 1° le mineur et l'interdit, dont l'hypothèque générale a rang, sur les immeubles du tuteur, du jour de l'ouverture de la tutelle; 2° la femme mariée, dont l'hypothèque générale a rang, sur les immeubles de son mari, du jour du mariage à raison de la dot et des conventions matrimoniales, et, à raison des autres causes, du jour où naît le droit à la récompense ou à l'indemnité.

La loi n'impose-t-elle pas à certaines personnes l'obligation de prendre inscription de l'hypothèque légale?

Oui, la loi impose l'obligation d'inscrire l'hypothèque légale : 1° au mari et au tuteur, sous peine d'être réputés stellionataires s'ils hypothèquent leurs immeubles sans déclarer qu'ils sont grevés d'hypothèque légale; 2° au subrogé tuteur, sous peine de tous dommages-intérêts; 3° enfin, au procureur impérial.

Toute personne peut-elle demander au conservateur des hypothèques qu'il soit pris inscription de l'hypothèque légale?

Oui, toute personne peut, même le mineur et la femme mariée, requérir du conservateur des hypothèques l'inscription de l'hypothèque légale.

Lorsque le mariage ou la tutelle a cessé, l'hypothèque légale est-elle encore dispensée d'inscription?

Non, l'hypothèque légale doit être inscrite dans l'année de la dissolution du mariage ou de la fin de la tutelle; faute de quoi, au lieu de conserver son rang du jour du mariage ou de l'ouverture de la tutelle, elle ne produirait d'effet qu'à partir du jour de la nouvelle inscription.

L'hypothèque générale de la femme et celle du mineur peuvent-elles être restreintes à quelques immeubles du mari ou du tuteur?

Oui, les parties majeures peuvent, par contrat de mariage, restreindre l'hypothèque de la femme à quelques immeubles du mari; et le conseil de famille peut aussi, dans l'acte de nomination du tuteur, restreindre à quelques immeubles du tuteur l'hypothèque du mineur ou de l'interdit.

L'hypothèque légale peut-elle être restreinte pendant le mariage ou pendant la tutelle?

Oui, l'hypothèque légale peut être restreinte par jugement; mais il faut, pendant le mariage, le consentement de la femme et l'avis de ses quatre plus proches parents, et, pendant la tutelle, l'avis du conseil de famille.

§ 3. — Du mode de l'inscription des priviléges et hypothèques.

Dans quel lieu le créancier privilégié ou hypothécaire, qui veut donner la vie et le rang à son droit de préférence, doit-il prendre inscription?

Le créancier privilégié ou hypothécaire doit prendre inscription au bureau du conservateur de l'arrondissement dans lequel sont situés les immeubles soumis au privilége ou à l'hypothèque.

Le créancier hypothécaire peut-il toujours prendre utilement inscription?

Non; le créancier hypothécaire ne peut plus prendre valablement inscription si le débiteur est tombé en faillite, si sa succession a été acceptée sous bénéfice d'inventaire, si l'immeuble hypothéqué a été saisi ou est passé entre les mains d'un tiers qui a fait transcrire son acte d'acquisition.

Les créanciers hypothécaires qui prennent inscription le même jour sont-ils égaux en rang?

Oui, les créanciers inscrits le même jour sont égaux en rang, car la loi ne fait aucune distinction entre l'inscription du matin et celle du soir.

Le créancier qui requiert inscription ne doit-il pas produire certains actes au conservateur des hypothèques?

Oui; le créancier qui requiert inscription doit présenter au conservateur des hypothèques : 1° l'original en brevet ou une expédition authentique du jugement ou de l'acte qui donne naissance au privilége ou à l'hypothèque; 2° deux bordereaux écrits sur papier timbré, dont l'un peut être porté sur l'expédition du titre.

Qu'est-ce que doivent contenir les deux bordereaux d'inscription?

Les deux bordereaux d'inscription doivent pareillement contenir : 1° les nom, prénoms, profession du créancier et son élection de domicile dans un lieu dépendant de l'arrondissement du bureau des hypothèques; 2° les nom, prénoms, profession et domicile du débiteur; 3° la date et la nature du titre constitutif d'hypothèque; 4° le montant du capital et des accessoires, et l'époque de l'exigibilité; 5° enfin, l'indication de l'espèce et de la nature des immeubles soumis à l'hypothèque. Mais cette dernière mention n'est pas nécessaire pour les hypothèques légales ou judiciaires, qui sont générales.

Le créancier qui prend inscription après le décès de son débiteur doit-il indiquer les noms des héritiers?

Non, le créancier n'est pas tenu d'indiquer les héritiers; il peut prendre inscription sous le nom du débiteur décédé.

Le créancier qui a révélé dans l'inscription que sa créance est productive d'intérêts vient-il pour les intérêts au même rang que pour le capital?

Oui, le créancier qui a révélé dans l'inscription que sa créance est productive d'intérêts, vient pour les intérêts de deux années et de l'année courante au même rang que pour le capital. S'il a pris des inscriptions particulières pour les intérêts des autres années, son rang de préférence, pour ces intérêts, a la date des inscriptions particulières.

Le conservateur des hypothèques garde-t-il le titre constitutif d'hypothèque et les deux bordereaux que le créancier lui a présentés?

Non, le conservateur des hypothèques ne garde que l'un des bordereaux; il remet au créancier, avec le titre constitutif d'hypothèque, l'autre bordereau sur lequel il certifie qu'il a pris inscription.

Pendant quel temps l'inscription hypothécaire produit-elle son effet?

L'inscription hypothécaire produit son effet pendant le délai de dix ans.

Quelle est la position du créancier dont l'inscription est prise depuis dix ans?

Si le créancier a renouvelé son inscription dans les dix ans, il a conservé par là son ancien rang de préférence. Mais si, au contraire, il n'a pas renouvelé son inscription dans les dix ans, il a perdu son rang de préférence; toutefois, comme le droit d'hypothèque dure trente ans, le créancier peut prendre une inscription nouvelle dont la date fixera son rang nouveau de préférence.

N'y a-t-il pas des cas où le créancier qui n'a pas renouvelé son inscription dans les dix ans perd son droit d'hypothèque?

Oui; le créancier qui n'a pas renouvelé en temps utile son inscription perd son droit d'hypothèque :

1° si le débiteur est tombé en faillite ou si sa succession a été acceptée sous bénéfice d'inventaire; 2° si l'immeuble hypothéqué a été saisi par d'autres créanciers ou s'il est passé entre les mains d'un tiers qui a fait transcrire son acte d'acquisition. Dans ces cas, en effet, l'inscription conservée peut être renouvelée; mais quand l'inscription est éteinte, il n'est pas possible d'en prendre une nouvelle, et, par suite, le droit d'hypothèque se trouve éteint.

§ 4. — De la radiation et réduction des inscriptions.

Dans quels cas le conservateur des hypothèques est-il tenu de rayer une inscription?

Le conservateur des hypothèques est tenu de rayer une inscription quand on lui présente l'acte authentique du consentement du créancier, ou bien l'expédition du jugement rendu en dernier ressort ou passé en force de chose jugée qui prononce la radiation de l'inscription.

Quelle capacité doit avoir le créancier qui veut consentir la radiation de son inscription?

Pour consentir la radiation de son inscription, le créancier doit avoir la capacité d'aliéner la créance garantie par l'hypothèque.

Dans quels cas le tribunal prononce-t-il la radiation de l'inscription?

Le tribunal prononce la radiation de l'inscription lorsqu'il juge que la dette est éteinte ou que l'inscription n'est pas fondée sur un titre valable.

Le débiteur qui a payé sa dette fait-il toujours radier l'inscription frapant sur ses immeubles?

Non, le débiteur qui a payé sa dette ne fait ordinairement pas radier l'inscription hypothécaire; il attend que cette inscription s'éteigne par l'expira-

14.

tion de dix ans, alors surtout qu'il n'a pas besoin de faire apparaître tout son crédit.

Quelles sont les hypothèques réductibles?

Les hypothèques réductibles sont celles qui sont légales ou judiciaires.

Dans quels cas les hypothèques légales ou judiciaires peuvent-elles être réduites?

Les hypothèques légales ou judiciaires peuvent être réduites quand elles sont excessives, c'est-à-dire lorsqu'elles frappent sur plusieurs domaines et que la valeur d'un seul ou de quelques-uns d'entre eux excède de plus d'un tiers le montant de la créance et de ses accessoires.

§ 5. — De l'effet des priviléges et hypothèques contre les tiers détenteurs et du délaissement.

Le créancier privilégié ou hypothécaire perd-il son droit de préférence sur l'immeuble qui est aliéné par le débiteur?

Non, le créancier qui a pris inscription ne perd point son droit de préférence sur l'immeuble aliéné par le débiteur ; il peut exercer son droit de suite contre le tiers détenteur de l'immeuble affecté à son payement.

Comment le créancier inscrit exerce-t-il son droit de suite?

Le créancier inscrit exerce son droit de suite en faisant commandement au débiteur de payer sa dette, et sommation au tiers détenteur de délaisser l'immeuble. Trente jours après le commandement et la sommation, il peut saisir et faire vendre l'immeuble.

Quels sont les divers partis que peut prendre le tiers détenteur de l'immeuble hypothéqué?

Le tiers détenteur de l'immeuble hypothéqué

peut, dans les trente jours de la sommation qui lui
est faite de délaisser, prendre l'un des quatre partis
suivants : 1° payer le montant de son prix aux premiers créanciers hypothécaires, ou payer tout ce
qui est dû aux divers créanciers hypothécaires ; il
obtient la subrogation aux droits de privilége et
d'hypothèque des créanciers qu'il paye ; 2° se laisser exproprier ; 3° remplir les formalités et conditions de la purge, dont les règles sont exposées § 6 ;
4° enfin, faire le délaissement de l'immeuble hypothéqué.

*Tout détenteur d'immeuble hypothéqué peut-il faire
le délaissement ?*

Non ; pour pouvoir faire le délaissement, il faut
que le détenteur ne soit pas tenu personnellement
de la dette, et qu'il soit capable d'aliéner l'immeuble.

*Où le tiers détenteur fait-il le délaissement de l'im-
meuble hypothéqué ?*

Le tiers détenteur fait le délaissement au greffe
du tribunal civil du lieu où l'immeuble est situé.

*Contre qui se poursuit la vente de l'immeuble dé-
laissé ?*

La vente se poursuit contre un curateur nommé
par le tribunal à l'immeuble délaissé.

*Le détenteur qui est exproprié a-t-il un recours
contre son vendeur ?*

Oui, le détenteur exproprié a contre son vendeur
un recours en dommages-intérêts.

§ 6. — De l'extinction des priviléges et hypothèques,
et de la purge.

1. EXTINCTION DES PRIVILÉGES ET HYPOTHÈQUES. —
Comment s'éteignent les priviléges et hypothèques ?

Les priviléges et hypothèques ne pouvant sur-
vivre à l'obligation dont ils sont les accessoires, ils

s'éteignent par tous les modes d'extinction de l'obligation elle-même. Ils peuvent s'éteindre encore de trois manières, l'obligation continuant à subsister : 1° par la renonciation du créancier à son hypothèque ; 2° par la prescription de l'hypothèque ; 3° enfin, par l'accomplissement des formalités de la purge.

Quel est le délai de la prescription de l'hypothèque ?

Le délai de la prescription de l'hypothèque est de trente ans si l'immeuble hypothéqué reste entre les mains du débiteur, ou s'il est passé au pouvoir d'un tiers auquel il manque un juste titre ou la bonne foi ; tandis que si l'immeuble est possédé par un tiers qui a juste titre et bonne foi, le délai de la prescription, qui court à son profit du jour de la transcription de son titre, est de dix ou de vingt ans, selon que le créancier hypothécaire est ou non domicilié dans le ressort de la Cour impériale du lieu où l'immeuble est situé.

Le créancier hypothécaire peut-il interrompre, contre le tiers possesseur qui a juste titre et bonne foi, la prescription de son hypothèque?

Oui ; le créancier interrompt la prescription de son hypothèque s'il assigne le tiers possesseur en reconnaissance d'hypothèque. Mais il n'interromprait pas la prescription en renouvelant son inscription.

Le créancier ne perd-il pas quelquefois son droit d'hypothèque, lorsqu'il omet de renouveler son inscription?

Oui, le créancier qui omet de renouveler son incription dans les dix ans à partir du jour où elle a été prise, perd son droit d'hypothèque si le débiteur est tombé en faillite ou si les immeubles hypothéqués sont saisis ou aliénés ; car, dans ces cas, un créancier peut conserver son rang de préférence, mais il ne peut acquérir un nouveau rang.

II. DE LA PURGE DES PRIVILÉGES ET HYPOTHÈQUES. — *Qu'est-ce que la purge ?*

La purge est le moyen que la loi donne au tiers possesseur de rendre son immeuble libre de priviléges et d'hypothèques, afin qu'il puisse ensuite améliorer cet immeuble, ou y faire des constructions en toute sécurité.

Combien y a-t-il de sortes de purge ?

Il y a deux sortes de purge : la purge ordinaire, c'est-à-dire celle des hypothèques inscrites, et la purge des hypothèques non inscrites qui ont rang sur les immeubles du tuteur et du mari indépendamment de toute inscription.

N'existe-t-il pas une formalité commune aux deux sortes de purge ?

Oui; la transcription que le tiers acquéreur doit faire, au bureau des hypothèques, de son acte d'acquisition, est une formalité commune aux deux sortes de purge.

Quels sont les divers effets de la transcription faite, par le tiers acquéreur, de son acte d'acquisition ?

La transcription de l'acte d'acquisition, qui est une formalité indispensable pour la purge, a, en outre, pour effet : 1° de rendre l'acquéreur de l'immeuble propriétaire à l'égard des tiers; 2° de faire déchoir de leurs droits d'hypothèque les créanciers non inscrits; 3° enfin, de faire courir au profit de l'acquéreur de bonne foi, c'est-à-dire ignorant l'existence des inscriptions, la prescription de l'hypothèque par dix ou vingt ans.

I. — *Quelles formalités doit remplir le tiers acquéreur de l'immeuble dont il veut faire la purge ordinaire ?*

Le tiers acquéreur qui veut faire la purge ordinaire doit, avant toutes poursuites ou dans les trente jours de la sommation qui lui est faite par un créancier hypothécaire de délaisser l'immeuble, notifier au domicile élu par les créanciers inscrits : 1° l'extrait de son acte d'acquisition, contenant les nom et profession de son vendeur, la nature et la situation de l'immeuble, le prix et les charges de la vente, et, s'il y a plusieurs immeubles vendus pour un même prix et grevés d'hypothèques différentes, le prix estimatif de chacun d'eux ; 2° l'extrait de l'acte de transcription ; 3° un tableau sur trois colonnes contenant la date des hypothèques et celle des inscriptions, le nom des créanciers, et le montant des créances inscrites ; 4° la déclaration par l'acquéreur qu'il est prêt à acquitter les dettes et charges hypothécaires, exigibles ou non exigibles, jusqu'à concurrence de son prix.

Les créanciers hypothécaires sont-ils tenus d'accepter du tiers acquéreur le prix de la vente?

Non, les créanciers hypothécaires ne sont pas tenus d'accepter du tiers acquéreur le prix de la vente, car autrement le débiteur pourrait nuire à leurs droits en vendant à vil prix l'immeuble hypothéqué ; ils ont, par suite, le droit de requérir que l'immeuble soit vendu aux enchères publiques.

Que doit faire le créancier hypothécaire quand il veut que l'immeuble hypothéqué soit vendu aux enchères publiques?

Le créancier hypothécaire qui requiert la vente de l'immeuble aux enchères doit : 1° signifier sa réquisition de mise aux enchères à son débiteur et au tiers acquéreur, et cela, dans les quarante jours de la notification que celui-ci lui a faite de son acte d'acquisition, en ajoutant à ce délai deux jours par cinq myriamètres de distance entre le domicile qu'il a élu dans son inscription et son domicile réel ; 2° déclarer, dans cette signification, qu'il porte le prix de l'immeuble à un dixième en sus, et qu'il offre de donner caution du prix et des charges de la vente.

Par qui sont signés l'original de la réquisition de mise aux enchères faite par le créancier hypothécaire et les expéditions signifiées au débiteur et au tiers acquéreur?

L'original et les expéditions de la réquisition de mise aux enchères doivent être signés par l'huissier et par le créancier requérant.

Le créancier hypothécaire qui a surenchéri est-il libre de se désister de sa surenchère?

Non; le créancier ne peut se désister de sa surenchère que du consentement de tous les autres créanciers hypothécaires.

L'immeuble est-il purgé quand il ne survient, dans les quarante jours des notifications, aucune réquisition de mise aux enchères?

Oui; quand il ne survient aucune réquisition de mise aux enchères dans le délai de quarante jours, augmenté à raison des distances, l'immeuble est purgé des priviléges et hypothèques, sous la condition que le tiers acquéreur payera le montant de son prix aux créanciers en ordre de recevoir ou qu'il le déposera à la Caisse des dépôts et consignations.

II. — *Quelles formalités doit remplir le tiers acquéreur qui veut purger son immeuble des hypothèques légales non inscrites de la femme mariée et du mineur?*

Le tiers acquéreur qui veut purger l'immeuble des hypothèques légales non inscrites, doit : 1° déposer une copie collationnée de son acte acquisitif de propriété au greffe du tribunal civil de la situation de l'immeuble; 2° certifier par acte signifié à la femme, ou au subrogé tuteur, et au procureur impérial, qu'il a fait au greffe le dépôt de la copie collationnée de son acte; 3° enfin, faire afficher et laisser pendant deux mois dans l'auditoire du tribunal civil l'extrait de son acte d'acquisition.

Quand deux mois sont écoulés depuis que l'extrait de l'acte d'acquisition a été affiché au greffe du tribunal, l'immeuble est-il purgé des hypothèques légales non inscrites?

Oui; quand deux mois sont écoulés depuis l'affiche de l'extrait, l'immeuble est purgé des hypothèques légales si aucune inscription ne s'est révélée. Mais si, au contraire, une inscription s'est révélée, l'immeuble n'est purgé de l'hypothèque légale que lorsque le prix revenant à la femme mariée ou au mineur est déposé à la Caisse des dépôts et consignations.

§ 7. — De la publicité des registres du conservateur des hypothèques.

Combien le conservateur des hypothèques tient-il de registres?

Le conservateur des hypothèques tient trois registres : le registre-journal, le registre des inscriptions et le registre des transcriptions.

Qu'est-ce que le registre-journal?

Le registre-journal est celui sur lequel le conservateur des hypothèques inscrit, jour par jour, les remises qui lui sont faites des bordereaux d'inscription et des actes translatifs de propriété immobilière.

Qu'est-ce que le registre des inscriptions?

Le registre des inscriptions est celui sur lequel le conservateur des hypothèques fait les inscriptions requises par les créanciers privilégiés et hypothécaires.

Qu'est-ce que le registre des transcriptions?

Le registre des transcriptions est celui sur lequel le conservateur des hypothèques copie littéralement les contrats et les jugements constatant la translation de propriété d'un immeuble, l'existence de droits de servitude, d'usufruit, d'usage, d'habitation et de bail excédant dix-huit ans, ou la renonciation à l'un de ces droits, et enfin le payement par anticipation du prix de bail pour plus de trois ans.

Chacun a-t-il le droit de demander des renseignements au conservateur des hypothèques ?

Oui, chacun a le droit, moyennant le payement d'une faible somme, de demander au conservateur des hypothèques des renseignements concernant la propriété d'un immeuble, les charges qui le grèvent et les inscriptions qui l'affectent.

TITRE XIX. — DE L'EXPROPRIATION FORCÉE ET DES ORDRES ENTRE LES CRÉANCIERS.

I. EXPROPRIATION FORCÉE. — *Qu'est-ce que l'expropriation forcée?*

L'expropriation forcée est la vente qu'un créancier fait en justice des biens de son débiteur.

Quels sont les biens susceptibles d'expropriation forcée?

Les biens susceptibles d'expropriation forcée sont les immeubles par nature avec leurs accessoires, et l'usufruit des mêmes immeubles et accessoires.

Le créancier peut-il exproprier la part indivise que son débiteur a dans un immeuble?

Non ; l'expropriation d'une part indivise pouvant être préjudiciable au débiteur, le créancier a seulement le droit de provoquer le partage ou la licitation de l'immeuble indivis.

Le créancier peut-il, à son gré, choisir les biens du débiteur, afin de les vendre?

Oui, le créancier a le choix des biens du débiteur sur lesquels il veut se faire payer. Toutefois, ses poursuites doivent commencer sur les meubles du mineur, sur les immeubles que le débiteur a hypothéqués à la dette, et ce n'est qu'en cas d'insuffisance qu'il peut faire vendre les autres biens du débiteur. En outre, le créancier ne peut poursuivre que successivement la vente des biens que son débiteur possède dans divers arrondissements.

Quel titre est nécessaire au créancier pour poursuivre l'expropriation forcée des immeubles de son débiteur?

Le créancier qui veut poursuivre l'expropriation forcée des immeubles de son débiteur doit avoir un titre authentique et en forme exécutoire.

Tout acte de poursuite en expropriation forcée n'est-il pas précédé d'un commandement?

Oui, tout acte de poursuite en expropriation forcée est précédé d'un commandement de payer signifié par huissier au débiteur.

II. Ordre entre les créanciers. — *Combien distingue-t-on de sortes de créanciers?*

On distingue trois sortes de créanciers : les créanciers privilégiés, les créanciers hypothécaires et les créanciers qui n'ont ni privilége ni hypothèque, appelés créanciers simples, ordinaires, cédulaires ou chirographaires.

Dans quel ordre viennent les divers créanciers sur le prix des biens de leur débiteur commun?

Les créanciers privilégiés et les créanciers hypothécaires viennent par préférence sur le prix des biens affectés à leur payement; en cas d'insuffisance, ils concourent avec les créanciers ordinaires sur le prix des autres biens du débiteur.

TITRE XX. — De la prescription.

Qu'est-ce que la prescription?

La prescription est une manière d'acquérir la propriété ou de se libérer d'une obligation par un certain laps de temps et sous les conditions déterminées par la loi.

Combien y a-t-il de sortes de prescription?

Il y a deux sortes de prescription : la prescription à fin d'acquérir, et la prescription à fin de se libérer.

La prescription est-elle une institution bien utile?

Oui ; la prescription, qui confirme la présomption de propriété ou de libération, est une institution d'ordre public et de la plus haute utilité : elle protége efficacement la paix des familles et des particuliers.

Peut-on renoncer d'avance à la prescription?

Non ; la renonciation faite d'avance à la prescription, que les créanciers auraient toujours soin de faire insérer dans les conventions, est nulle comme contraire à l'ordre public. Mais rien n'empêche de renoncer à la prescription acquise ou même au bénéfice du temps écoulé pour arriver à la prescription.

Quelle capacité doit avoir celui qui renonce à la prescription acquise?

Celui qui renonce à la prescription acquise doit avoir la capacité d'aliéner librement le droit prescrit.

Le juge peut-il suppléer d'office le moyen tiré de la prescription?

Non, le juge ne peut jamais suppléer d'office le moyen tiré de la prescription, parce qu'il prononcerait quelquefois une sentence contraire à la conscience de celui qui n'ose invoquer ce moyen.

La prescription peut-elle être invoquée pour la première fois en appel?

Oui, la prescription peut être invoquée en tout état de cause, aussi bien en appel qu'en première instance.

Toutes les choses sont-elles prescriptibles?

Oui, toutes les choses sont prescriptibles. Cependant on ne peut jamais prescrire les choses hors du commerce, comme les rues, les routes, les places de guerre. Mais les biens qui sont dans le patrimoine de l'Etat, des communes et des établissements publics, sont soumis aux mêmes prescriptions que ceux des particuliers.

§ 1er. — De la possession.

Combien y a-t-il de sortes de possession ?

Il y a deux sortes de possession : la possession proprement dite, qui s'applique aux choses corporelles, et la possession improprement dite ou quasi-possession, qui s'applique aux démembrements de la propriété.

Qu'est-ce que la possession proprement dite?

La possession proprement dite est la détention d'une chose que nous tenons par nous-mêmes ou par un autre qui la tient en notre nom.

Qu'est-ce que la possession improprement dite, ou quasi-possession?

La quasi-possession est la jouissance d'un droit, par exemple, d'usufruit, que nous exerçons par nous-mêmes ou par un autre qui l'exerce en notre nom.

Quelles qualités doivent avoir la possession et la quasi-possession pour produire la prescription?

Pour produire la prescription, toute possession doit être continue et non interrompue, paisible, publique, non équivoque et à titre de propriétaire.

Comment appelle-t-on la possession qui n'est pas à titre de propriétaire?

La possession qui n'est pas à titre de propriétaire est appelée possession précaire; or, telle est la possession du locataire, du fermier, du créancier gagiste, du commodataire et du dépositaire.

En quelle qualité le détenteur d'une chose est-il présumé la posséder?

Le détenteur d'une chose est, jusqu'à preuve contraire, présumé la posséder pour lui et à titre de propriétaire.

§ 2. — Des causes qui empêchent, qui interrompent ou qui suspendent la prescription.

I. CAUSES QUI EMPÊCHENT LA PRESCRIPTION. — *Quelles sont les causes qui empêchent le cours de la prescription?*

Les causes qui empêchent le cours de la prescription sont les vices de la possession et surtout le titre précaire.

L'héritier de celui qui possède à titre précaire peut-il prescrire?

Non; l'héritier du possesseur à titre précaire ne peut jamais prescrire, car il succède au vice de la possession de son auteur.

Quand le possesseur vend la chose qu'il tient à titre précaire, l'acheteur peut-il l'acquérir par prescription?

Oui ; l'acheteur n'étant point le continuateur de la personne de son vendeur, il peut prescrire la chose qu'il a reçue du possesseur à titre précaire.

II. CAUSES QUI INTERROMPENT LA PRESCRIPTION. — *Qu'entend-on par causes interruptives de prescription ?*

On entend par causes interruptives de prescription, celles qui anéantissent le bénéfice du temps déjà écoulé.

Combien y a-t-il de sortes d'interruption de la prescription ?

Il y a deux sortes d'interruption : l'interruption naturelle et l'interruption civile.

Dans quels cas a lieu l'interruption naturelle ?

L'interruption naturelle, applicable seulement à la prescription à fin d'acquérir, a lieu dans la personne du possesseur qui est privé, pendant plus d'un an, de la jouissance d'un immeuble par le fait d'un tiers ; en effet, par l'expiration de ce délai, il a perdu l'avantage de l'action possessoire.

Dans quels cas a lieu l'interruption civile ?

L'interruption civile, applicable aussi bien à la prescription à fin de se libérer qu'à la prescription à fin d'acquérir, a lieu : 1° par une citation en conciliation devant le juge de paix, pourvu qu'elle soit suivie d'une demande en justice dans le mois de la non-conciliation ; 2° par une citation en justice, même devant un juge incompétent ; 3° par un commandement signifié au débiteur ; 4° enfin, par la reconnaissance expresse, ou tacite faite, par celui qui prescrit, du droit de son adversaire.

III. CAUSES QUI SUSPENDENT LA PRESCRIPTION. — *Qu'entend-on par causes suspensives de la prescription ?*

On entend par causes suspensives de la prescription celles qui en arrêtent pendant quelque temps la marche, sans anéantir le bénéfice du temps écoulé.

La prescription court-elle contre toutes personnes?

Oui, en général, la prescription court contre toutes personnes.

La règle que la prescription court contre toutes personnes souffre-t-elle des exceptions?

Oui; la prescription ne court ni entre époux pendant le mariage, ni contre l'héritier bénéficiaire, à raison des créances qu'il a contre la succession. En outre, les longues prescriptions de dix ou vingt ans et de trente ans ne courent pas contre les mineurs et les interdits.

La prescription court-elle au profit des tiers contre la femme mariée?

Oui, la prescription court au profit des tiers contre la femme mariée, excepté dans les quatre cas suivants : 1° s'il s'agit d'un fonds constitué en dot sous le régime dotal; 2° si l'action de la femme contre un tiers doit réfléchir contre le mari qui aurait, par exemple, vendu comme lui appartenant en propre un immeuble de sa femme; 3° s'il s'agit d'un droit qu'il est impossible à la femme d'exercer pendant le mariage; 4° enfin, si la femme non autorisée du mari ou de justice a fait un acte dépassant la limite de ses pouvoirs.

La modalité de la dette suspend-elle la prescription?

Oui, la modalité de la dette suspend la prescription, quand elle fait présumer la non-existence de payement. Ainsi le terme et la condition suspensive arrêtent le cours de la prescription jusqu'à l'échéance du terme et à l'événement de la condition. De même, le délai de l'action en garantie est suspendu jusqu'au jour de l'éviction.

Les délais pour faire inventaire et délibérer et la vacance de la succession suspendent-ils la prescription?

Non, les délais pour faire inventaire et délibérer et la vacance de la succession ne suspendent point la prescription; toutefois, si l'héritier qui accepte ensuite la succession est mineur ou interdit, les longues prescriptions sont considérées comme ayant été suspendues pendant les délais pour faire inventaire et délibérer et pendant la vacance de la succession.

§ 3. — Du temps requis pour prescrire.

Le temps de la prescription se compte-t-il par heures?

Non, le temps de la prescription ne se compte point par heures, mais par jours.

Quel jour commence et quel jour s'accomplit la prescription?

La prescription à fin de se libérer court du lendemain de l'engagement, et la prescription à fin d'acquérir court du lendemain de l'entrée en possession. Elle est acquise quand le dernier jour du terme est accompli.

Combien y a-t-il d'espèces principales de prescription?

Il y a trois espèces principales de prescription : 1° la prescription par trente ans; 2° la prescription par dix ou vingt ans; 3° enfin, la prescription qui s'accomplit par divers délais de faible durée.

1. PRESCRIPTION PAR TRENTE ANS. — *Toutes les actions se prescrivent-elles par trente ans?*

Oui, toutes les actions, tant réelles que personnelles, dont la durée n'est pas limitée à un plus court délai, se prescrivent par trente ans.

Est-on admis à prouver que le débiteur ou le possesseur qui invoque la prescription trentenaire est de mauvaise foi ?

Non, on n'est point admis à prouver que le débiteur ou le possesseur qui invoque la prescription de trente ans est de mauvaise foi, car cette longue prescription vient elle-même couvrir le vice résultant de la mauvaise foi; mais on peut prouver, après trente ans, que le possesseur avait un titre précaire, et par conséquent empêchant la prescription de courir à son profit.

Le créancier d'une rente a-t-il le droit d'exiger du débiteur un nouveau titre?

Oui; quand le titre constatant l'existence de la rente a plus de vingt-huit ans, le créancier peut exiger un nouveau titre, aux frais de son débiteur. Le propriétaire du fonds dominant a le même droit lorsqu'il s'agit d'une servitude discontinue ou non apparente; mais c'est lui-même qui supporte les frais du nouveau titre.

II. Prescription par dix et vingt ans. — *Qu'est-ce que la prescription de dix et vingt ans?*

La prescription de dix et vingt ans, seulement applicable à l'acquisition d'immeubles, est celle qui s'accomplit au profit du possesseur qui a juste titre et bonne foi.

Quand le possesseur a-t-il juste titre?

Le possesseur a juste titre quand il tient la chose en vertu d'une cause qui, de sa nature, est translative de propriété, comme la donation, le legs, la vente et l'échange.

Quand le possesseur a-t-il bonne foi?

Le possesseur a bonne foi quand il croyait, lors de la création de son titre, que celui duquel il tient la chose en était le véritable propriétaire.

Dans quels cas le possesseur qui a juste titre et bonne foi prescrit-il soit par dix ans, soit par vingt ans?

Le possesseur qui a juste titre et bonne foi prescrit par dix ans, quand le propriétaire de l'immeuble est domicilié dans le ressort de la cour impériale du lieu où cet immeuble est situé ; tandis qu'il ne prescrit que par vingt ans, si le propriétaire de l'immeuble est domicilié dans un autre ressort.

III. PRESCRIPTION DE DIVERS DÉLAIS DE FAIBLE DURÉE. — *Quelles sont les divers délais de la prescription s'accomplissant par un temps de faible durée?*

Les délais de la prescription s'accomplissant par un temps de faible durée sont de cinq ans, de deux ans, d'un an et de six mois.

Quels sont les choses prescriptibles par cinq ans?

Se prescrivent par cinq ans les arrérages des rentes perpétuelles ou viagères et ceux des pensions, le prix des baux à loyer ou à ferme, les intérêts des sommes prêtées, et tout ce qui est payable par année ou à des termes périodiques plus courts.

Quelles sont les choses prescriptibles par deux ans?

Se prescrivent par deux ans l'action de l'avoué en payement de ses frais et honoraires, et l'action en restitution des pièces qu'une personne a confiées à son huissier ; mais l'action en restitution des pièces confiées à un juge ou à un avoué dure cinq ans.

Quelles sont les choses prescriptibles par un an?

Se prescrivent par un an les actions : des médecins et pharmaciens pour leurs visites et médicaments, des huissiers pour leurs actes, des marchands pour les choses vendues aux particuliers, des maîtres pour le prix de pension ou d'apprentissage, des domestiques pour leurs salaires.

Quelles sont les choses prescriptibles par six mois ?

Se prescrivent par six mois les actions : des maîtres et instituteurs pour les leçons qu'ils donnent au mois, des hôteliers et traiteurs pour le logement et la nourriture qu'ils ont fournis, des ouvriers et gens de travail pour leurs journées, fournitures et salaires.

La prescription de chaque service ou fourniture est-elle interrompue par la continuation des services ou fournitures ?

Non, la continuation des services ou fournitures n'interrompt pas la prescription. Cette interruption n'a lieu que par arrêté de compte signé du débiteur, par billet du débiteur qui reconnaît la dette, ou par demande en justice : dans ces cas, l'obligation est novée et elle n'est plus prescriptible que par trente ans.

Le créancier peut-il déférer au débiteur, qui invoque une courte prescription, le serment sur le fait du payement ?

Oui, le créancier peut déférer le serment sur le fait du payement au débiteur qui invoque une courte prescription.

N'y a-t-il pas une prescription instantanée ?

Oui, il y a une prescription instantanée à l'égard des meubles, d'après la maxime : *En fait de meubles, la possession vaut titre.* Cette maxime signifie que celui qui a juste titre et bonne foi devient propriétaire du meuble dès qu'il lui est livré par une personne qui n'en était pas propriétaire.

Le propriétaire de la chose perdue ou volée ne peut-il pas la revendiquer ?

Oui, le propriétaire de la chose perdue ou volée peut la revendiquer pendant trois ans contre le possesseur ayant même juste titre et bonne foi. Mais si celui-ci a acheté le meuble en foire, dans une vente publique ou marché, ou bien chez un marchand vendant des choses pareilles, il a droit, de la part du propriétaire qui le revendique, au montant du prix qu'il a payé.

FIN.

DES BIENS ET DES DIFFÉRENTES MODIFICATIONS DE LA PROPRIÉTÉ.

DES DIFFÉRENTES MANIÈRES DONT ON ACQUIERT LA PROPRIÉTÉ.

Paris. — Imprimé par E. Thunot et Cᵉ, rue Racine, 26.

Nouveau [...]
[...] et mis à la portée [...]
[...] les actes sous seings [...]
[...] Codes ; de l'indication [...]
[...] de la taxe des frais de [...]
nouvelles les idées nouvelles [...]

[...] in-12 de [...]

[...] Manuel pratique du Code [...]
[...] gratis, et mis à la portée de t[...]
[...] contenant, outre le texte et les [...]

[...] Nouvelle édition [...]
[...] fort vol. grand in-18 [...]
[...] prix.